全国农产品
统一大市场建设的
探索与实践

许玉明 等◎著

重庆大学出版社

内容提要

本书以国家统一大市场战略演进、我国农业面临的体制与制度问题、全国农产品统一大市场建设的意义、"互联网+"现代农业供应链管理平台对全国农产品统一大市场的支撑作用、如何用"互联网+"现代农业建设的工程架构的逻辑进行描述，揭示为什么要实施全国农产品统一大市场建设。以农产品供应链不同环节为动力点打通农产品供应链交易体系，以构建统一大市场、按行政层级组织全品类农产品上线构建统一大市场、细分品类垂直闭环经营以构建农产品统一大市场的管理工程案例，揭示如何实施全国农产品统一大市场建设。对政府部门、行业协会、头部企业、数字经济管理工程产品师等相关人员在组织地区、行业数字化转换、统一大市场建设具有参考价值。

图书在版编目（CIP）数据

全国农产品统一大市场建设的探索与实践／许玉明等著. -- 重庆：重庆大学出版社，2023.9
ISBN 978-7-5689-3824-2

Ⅰ.①全…　Ⅱ.①许…　Ⅲ.①农产品市场—研究—中国　Ⅳ.①F323.7

中国国家版本馆 CIP 数据核字（2023）第 175185 号

全国农产品统一大市场建设的探索与实践
QUANGUO NONGCHANPIN TONGYI DA SHICHANG
JIANSHE DE TANSUO YU SHIJIAN
许玉明　等 著
策划编辑：龙沛瑶

责任编辑：夏　宇　　　版式设计：龙沛瑶
责任校对：刘志刚　　　责任印制：张　策

*

重庆大学出版社出版发行
出版人：陈晓阳
社址：重庆市沙坪坝区大学城西路 21 号
邮编：401331
电话：（023）88617190　88617185（中小学）
传真：（023）88617186　88617166
网址：http://www.cqup.com.cn
邮箱：fxk@cqup.com.cn（营销中心）
全国新华书店经销
重庆升光电力印务有限公司印刷

*

开本：720mm×1020mm　1/16　印张：14.5　字数：208 千
2023 年 9 月第 1 版　　2023 年 9 月第 1 次印刷
ISBN 978-7-5689-3824-2　定价：58.00 元

前　言

我国传统农产品市场按照供应链环节可分为产地批发市场、供应链多级批发市场、配送市场和终端零售市场；按照市场供应产品来源可分为本地产品市场和外地产品市场（或国内市场和国际市场）；按照品类可分为综合市场和专业市场，按品类又可分为干副、粮油、水果、水产、蔬菜、肉类六大品类；按照加工水平可分为统货市场、分类分拣市场、预包装市场、净菜加工市场、中央厨房加工市场、食品加工市场；按照市场信息化方式可分为传统的线下批发（零售）市场、电子商务批发（零售）市场、社区新零售、网络直播带货等。我们将全国农产品统一大市场定义为：全国市场农产品标准统一，有全国各个地区农产品质量检验检测互认的制度，以省市为单元划分为主产区、主销区、产需平衡区，各个区域以需定产进行市场组织和调配，生猪等特殊农产品实施区域化市场运行。

我国幅员辽阔、人口众多，农业产品供应链参与组织众多，农业产品极其丰富，互联网、物联网、大数据与农业实体经济融合，才能有效组织全国统一大市场建设。因此，全国农产品统一大市场建设政策研究和实践探索都是基于以上两个战略的研究，其本质是信息化大数据支撑的农业生产经营体系、农业生产服务体系、产业公共管理体系组成的三维系统；是按照云、省（自治区、直辖市）、市（州、盟）、区（县）、乡（镇）、村的网络化立体架构系统；包容产品供应链各个环节的市场体系、线上线下融合的市场体系。

农产品统一大市场建设，基本任务是在产需对接、以需定产、供需平衡中实现质量全程追溯，确保市场相对稳定，让好产品卖得好价钱。实现的路径是纵向按照品类细分，垂直闭环，完成农产品供应链管理，横向实现多品类聚合、按照云、省（自治区、直辖市）、市（州、盟）、区（县）、乡（镇）、村立体管理；建立现代生产供应链与现代服务的无缝匹配；农业生产要素市场与有效的农产品供应链数据互联网、智慧决策有效开放；农业全生态运行与公共管理数据互联、智慧行政,形成网络化、全生态的全国农产品统一大市场,不仅保障了农产品市场的有效供应,也推进了农业现代化、高质量转型发展,促进乡村振兴。

本书开篇首先是以产业、要素为单元,"互联网+"现代产业技术路径是全国统一大市场建设战略基础的基本认识,汇编了我国在这两个方面的相关战略和政策,让读者看清我国统一大市场建设逐步成熟的政策基础并启动战略实施的行动轨迹。

在此基础上,转入全国农产品统一大市场建设的具体理论与建设方略中,深度分析在"互联网+"现代农业供应链管理工程环境下和农业统一大市场建设目标下农业劳动力、农村土地、农村资本三大要素市场,农村分散经营制度,农产品质量管理制度等存在的体制与机制矛盾;基于"互联网+"现代农业的工程实践成果,总结了农产品统一大市场的重大意义。具体包括:

一是第一、二、三产业的供应链各个环节都有痛点,以解决痛点为依据,拉动产业集群上下游上线都具有可行性。

二是产业数据化改造工程完成实现数据"五流合一"管理,实现数据信用交叉验证,建立数字产业化基础。产业数字化管理工程完成"资金流、票务流、实物流、质量信息流、合同信息流"五流合一的数据交叉验证,为数据产业化奠定了基础。

三是通过农业产业数字化和数字产业化管理工程,产业供应链资金周转速度可由 8~10 次/年提升为 30 次/年,75% 的流动资金转为数据资产,形成数字经济,认为在产业数字化和数字产业化管理工程中,通过供应链结算、供应链金融和流通环节上下游融合,减少中间环节,大大地节约了供应链流动占用,形成与传统产业供应链的比较效应达到 4 倍,产业经济的国际竞争能力大幅度提升。

四是农产品统一大市场建设可以支撑粮食等重要农产品保供,拉动乡村振兴。即以省(自治区、直辖市)为单元的农产品需求数据是可以提前采集和预测,用这个需求数据来指挥调度农业供应链管理,建立全国农产品统一大市场,拉动农业现代化生产、保障粮食等重要农产品安全可行。

五是"互联网+"现代农业供应链管理工程支撑农产品统一大市场建设,对产业发起新业态、区域农业经济数字一体化运行、支持农业全面推进科技创新机制改革和创新能力提升、支持农业高质量发展。

六是农产品产业供应链管理实现数据"五流合一",锁定产品价值(交易额)、产品使用价值(产品质量)、产品价格的关系,使产业经济使用价值、价值与价格关系合理。

在实践过程中我们进行了农业供给侧结构性改革需求实录,为让读者充分了解和理解全国统一大市场建设路径,详细描述了"互联网+"现代农业支撑的统一大市场建设的总体框架和从几个农业细分行业、农产品供应链不同环节发起农产品统一大市场建设的案例工程。本书具体撰写分工如下:重庆社会科学院许玉明撰写第一、三、五、六、十章;重庆科技大学马克思主义学院(原西南大学马克思主义学院博士研究生)阎秦撰写第二、四章;重庆三果云科技有限公司秦岗、郭又菡、肖莉、陈兵波负责第七、八、九章工程试验策划,重庆社会科学院许玉明形成工程试验策划报告。

著　者
2023 年 3 月

目　录

试验篇

政策篇

第一章　全国统一大市场建设政策轨迹解读

　　互联网、物联网、大数据、人工智能与实体经济融合,形成供应链交易闭环的产业生态,是全国统一大市场建设基本的手段和路径。因此,基于"互联网+"产业逐步推进,全国统一大市场建设战略逐步推进。1990年是中国电子商务元年;2012年业内提出"互联网+";2015年李克强总理在政府工作报告中首次提出"制定'互联网+'行动计划,推动移动互联网、云计算、大数据、物联网等与现代制造业结合,促进电子商务、工业互联网和互联网金融健康发展,引导互联网企业拓展国际市场",全国大市场建设战略起步。全国大市场建设经历了2015—2017年经济数字化建设阶段、2017—2020年产业互联网阶段、2020年数字经济发展阶段;供应链环节从消费大市场向上游生产大市场,再向产业供应链大市场迈进的三部曲;市场建设范围从头部企业向品类、行业、区域、全国逐步演绎,2022年3月最终形成全国统一大市场建设战略。

一、"互联网+"产业提出

　　2015年7月,《国务院关于积极推进"互联网+"行动的指导意见》指出,要求顺应世界"互联网+"发展趋势,充分发挥我国自1990年以来电子商务发展存量大、应用场景广泛的优势,推动互联网由消费领域向生产领域拓展。

　　2015年8月,国务院印发《促进大数据发展行动纲要》(以下简称《纲要》),系统部署大数据发展工作。信息技术与经济社会的交汇融合引发了数据迅猛增长,数据已成为国家基础性战略资源。《纲要》在加快政府数据开放共享,推动资源整合,提升治理能力;推动产业创新发展,培育新业态,助力经济转型;健全大数据安全保障体系,强化安全支撑,促进健康发展三个方面着力。首先是政府服务层面,大力推动政府信息系统和公共数据互联开放共享,加快政府信息平台整合,消除信息孤岛,推进数据资源向社会开放,增强政府公信力,引导社会发展,服务公众企业;其次是企业层面,要求以企业为主体,营造宽松公平的环境,加大大数据关键技术研发、产业发展和人才培养力度,着力推进数据汇集和发掘,深化大数据在各行业的创新应用,促进大数据产业健康发展;在配套环境层面,要求完善法规制度和标准体系,科学规范地利用大数据,切实保障数据安全。同时最大限度地促进大数据发展和应用空间,在未来 5～10 年,在社会公共治理、社会公共服务、社会就业、新经济新业态创新等多领域探索发展机会。

(一)"互联网+工业"

2015 年 5 月,国务院印发《中国制造 2025》,围绕促进大数据与其他产业的融合发展,着力发展工业大数据,加强产业生态体系建设,组织实施"工业和新兴产业大数据工程";支持开发工业大数据解决方案;利用大数据培育发展制造业新业态,开展工业大数据创新应用试点;促进大数据、云计算、工业互联网、3D打印、个性化定制等融合集成,推动制造模式变革和工业现代化转型发展。

2021 年 2 月,《工业互联网创新发展行动计划(2021—2023 年)》统筹工业互联网发展和安全,提升新型基础设施支撑服务能力,拓展融合创新应用,深化商用密码应用,增强安全保障能力,壮大技术产业创新生态,实现工业互联网整体发展阶段性跃升,推动经济社会数字化转型和高质量发展。行动计划主要从网络体系强基行动、标识解析增强行动、平台体系壮大行动、数据汇聚赋能行动、新型模式培育行动、融通应用深化行动、关键标准建设行动、技术能力提升行动、产业协同发展行动、安全保障强化行动、开放合作深化行动等 11 个方面

44 项内容展开。

（二）"互联网+商贸"

2015 年 7 月，国务院办公厅发布了《关于运用大数据加强对市场主体服务和监管的若干意见》，主题思想是推进政府数据开放和市场基于数据的创新结合，大数据与国家治理创新结合，大数据与现代产业体系结合，大数据与大众创业、万众创新结合。内容涉及四大重大工程，即政府数据资源共享开放工程、国家大数据资源统筹发展工程、政府治理大数据工程、公共服务大数据工程；涉及农业大数据、工业大数据、新兴产业大数据等产业大数据；还专门安排了"万众创新大数据工程"。

2021 年 2 月，商务部发布《关于加快数字商务建设　服务构建新发展格局的通知》（以下简称《通知》）提出开展消费数字化升级行动、"数商兴农"行动、"丝路电商"行动、数字化转型赋能行动、数字商务服务创新行动等五项行动，以此加快数字商务建设。《通知》提出要促进品牌消费、品质消费，鼓励有条件的地方出台配套措施，通过发放消费券等方式，释放消费潜力、提升消费品质；《通知》要求培育消费新模式、新业态，鼓励电商平台积极发展个性化定制、柔性化生产，培育"小而美"网络品牌，更好地满足多元化消费需求；《通知》要求各地要结合本地产业特色，着力提升电商示范基地、电商园区载体功能，培育壮大地方特色电商主体，带动特色产业创新升级，优化消费环境、完善消费保障，以新供给引领和创造新需求，以新消费促进新发展。

针对"数商兴农"行动，《通知》强调引导电商企业加强物流配送、农产品分拣加工等农村电商基础设施建设，发展智能供应链，促进数字产品和服务在乡村地区的应用；针对"丝路电商"行动，《通知》指出加快拓展"丝路电商"全球布局，创新合作模式、打造国别爆款、加强海外营销网络建设、支持电商企业带动产业链上下游协同出海、促进产业对接，培育先行示范，增强企业国际竞争力；以推进"丝路电商"为切入点，通过双边和区域合作规则制定，推动建立数字经济国际规则标准体系;鼓励各地积极参与数字经济国际规则标准的研究制定;创新发展跨境电商,多渠道支持企业共建共享海外仓;围绕数字化转型赋能行动,着力推进商业科技发展,鼓励企业积极开展5G、大数据、人工智能、物联网、区块链等先进信息技术在商务领域应用创新,拓展电子发票、电子合同、电子档案应用范围,提升无接触服务、云展会等新兴商业模式和场景应用水平,全面提升企业核心竞争力。在做优数字商务公共服务方面,提出要完善电子商务公共服务平台,构建"政府引导—平台赋能—多元服务—广泛参与"的企业数字化转型联合推进机制;持续完善电商诚信体系建设,推动电商企业开展诚信承诺、建立诚信档案,引导企业规范健康发展。

2022年4月,《中共中央　国务院关于加快建设全国统一大市场的意见》(以下简称《意见》)发布。《意见》明确加快建立全国统一的市场制度规则,打破地方保护和市场分割,打通制约经济循环的关键堵点,促进商品要素资源在更大范围内畅通流动,加快建设高效规范、公平竞争、充分开放的全国统一大市场,全面推动我国市场由大到强转变,为建设高标准市场体系、构建高水平社会主义市场经济体制提供坚强支撑。根据《意见》,加快建设全国统一大市场的工作原则是立足内需,畅通循环;立破并举,完善制度;市场与政府协同推进。《意见》坚持问题导向、立破并举,从六个方面明确了加快建设全国统一大市场的重点任务。从"立"的角度,《意见》明确要抓好"五统一",包括强化市场基础制度规则统一、推进市场设施高标准联通、打造统一的要素和资源市场、推进商品和服务市场高水平统一、推进市场监管公平统一。从"破"的角度,《意见》明确要进一步规范不当市场竞争和市场干预行为,从六个方面明确了建设全国统一大市场的重点任务。

(三)"互联网+农业"

2016年,农业部等八部委联合印发《"互联网+"现代农业三年行动实施方案》(以下简称《方案》)。作为一种生产方式、产业模式与经营手段的创新,"互联网+农业"将通过便利化、实时化、物联化、智能化等手段,对农业产业链的生产、经营、管理、服务等环节产生深远影响,基于当时已有 400 多项农业物联网产品、技术和应用模式渗透到农业各行业、各领域和产销的全过程;农业电子商务正在形成跨区域电商平台与本地电商平台共同发展、农产品进城与工业品下乡双向互动的发展格局。《方案》提出,到 2018 年农业在线化、数据化取得明显进展,管理高效化和服务便捷化基本实现,生产智能化和经营网络化迈上新台阶,城乡"数字鸿沟"进一步缩小,大众创业、万众创新的良好局面基本形成,有力支撑农业现代化水平明显提升。《方案》提出 11 项主要任务,在管理方面,重点推进以大数据为核心的数据资源共享开放、支撑决策,着力点在互联网技术运用,全面提升政务信息能力和水平;在生产方面,重点突出种植业、林业、畜牧业、渔业,强调农产品质量安全;在经营方面,重点推进农业电子商务;在服务方面,重点强调以互联网运用推进涉农信息综合服务,加快推进信息进村入户;在配套体系方面提出了加强新型职业农民培育、新农村建设,大力推动网络、物流等基础设施建设。为保障重点任务有效完成,《方案》提出了农业物联网试验示范工程、农业电子商务示范工程、信息进村入户工程、农机精准作业示范工程、测土配方施肥手机服务工程、农业信息经济综合示范区六项重大工程。

2021 年 12 月,中共中央办公厅、国务院办公厅印发了《数字乡村发展战略纲要》,立足新时代国情农情,将数字乡村作为数字中国建设的重要方面,加快数控化转换,整体带动和提升农业农村现代化发展。进一步解放和发展数字化生产力,注重构建以知识更新、技术创新、数据驱动为一体的乡村经济发展政策体系,注重建立层级更高、结构更优、可持续性更好的乡村现代化经济体系,注重建立灵敏高效的现代乡村社会治理体系,开启城乡融合发展和现代化建设新局面。主要任务从加快乡村信息基础设施建设、发展农村数字经济、强化农业农村科技创新供给、建设智慧绿色乡村、繁荣发展乡村网络文化、推进乡村治理能力现代化、深化信息惠民服务、激发乡村振兴内生动力、推动网络扶贫向纵深发展、统筹推动城乡信息化融合发展等方面进行全面部署。

（四）数字经济建设

数字经济建设实质上就是"互联网+产业"，以行业为单元的供应链大市场建设，形成产业市场统一、数字化运转。2022 年 1 月，国务院印发《"十四五"数字经济发展规划》，明确坚持"创新引领、融合发展，应用牵引、数据赋能，公平竞争、安全有序，系统推进、协同高效"的原则。规划明确了八个方面的重点任务，包括优化升级数字基础设施、充分发挥数据要素作用、大力推进产业数字化转型、加快推动数字产业化、持续提升公共服务数字化水平、健全完善数字经济治理体系、着力强化数字经济安全体系、有效拓展数字经济国际合作。围绕八大任务，规划还明确了信息网络基础设施优化升级等 11 个专项工程。

二、统一大市场建设战略提出

（一）统一应急产业市场建设

2017 年，工业和信息化部印发《应急产业培育与发展行动计划（2017—2019 年）》，提出到 2019 年，我国应急产业发展环境进一步优化，产业集聚发展水平进一步提高，规模明显壮大，培育 10 家左右具有核心竞争力的大型企业集团，建设 20 个左右特色突出的国家应急产业示范基地；产业体系基本形成，应急服务更加丰富，完成 20 个以上典型领域应急产品和服务综合应用解决方案；应急物资生产能力储备体系建设初见成效，建设 30 个左右应急物资生产能力储备基地，基本建立与应对突发事件需要相匹配、与制造业和服务业融合发展相适应的应急产业体系。

重点任务包括：

（1）提升应急产业供给水平。包括推进应急产品高端化、智能化、标准化、系列化、成套化发展,促进应急服务专业化、社会化、规模化发展,补齐应急产业保障供给短板。

(2)增强应急产业创新能力。包括支持应急产业科技发展、健全应急产业创新平台、攻克应急产业关键核心技术。

(3)促进应急产品和服务推广应用。包括健全应急产品和服务推广应用机制、加快推进应急产品与服务的信息资源共享、推动应急产业融合集聚发展;推动应急产业融合发展(落实制造强国战略,推动应急产业与机械装备、医药卫生、轻工纺织、信息通信、交通物流、保险租赁等协同发展,以应急需求带动相关行业发展,用相关行业成果推动应急产业发展;落实军民融合发展战略,促进应急应战协同发展,发挥国防科技资源优势,加快核、航天、航空、船舶、兵器等军工技术向应急领域转移转化,发展高技术应急产品和装备;落实网络强国战略,促进大数据、云计算、物联网等技术在突发事件处置全流程中的应用,大力发展信息化应急管理产品;积极推动应急产业融入国家区域发展战略)、加快应急产业集聚发展、培育应急产业骨干力量。

为建立产业集群统一大市场,还要求完善应急产业技术等基础体系。

(1)健全和完善应急产业标准体系。加快推进相关标准化技术机构建设,发布应急产业综合标准体系建设指南。确定急需制定或修订的国家、行业和团体应急产品、应急服务和应急物资配置等标准,发挥标准对应急产业发展的引领作用。加强标准国际交流合作,鼓励企业及科研院所主导或参与国际标准制定,推动我国优势领域的标准升级为国际标准,提升国际话语权。

(2)推进应急产业计量和认证体系建设。借鉴节能环保产品、消防产品等新兴产业认证模式,发挥现有相关认证机构作用,研究建立应急产业认证体系和管理模式,对涉及人民生产生活安全的应急产品和服务进行分类分级认证,促进应急产品和服务推广应用。加强认证采信工作力度,带动认证产品扩大应用。加强具有应急产业特点的量值传递和溯源技术、产业关键领域关键参数的测量、测试技术研究,开发应急产业专用测量、测试设备,构建应急产业计量测试服务体系。

（3）推进应急产业品牌建设。围绕技术研发、产品生产和客户服务，引导应急企业以质量和信誉为核心建立品牌管理体系。培育我国应急产业文化，加快应急产业品牌文化建设，引导社会消费理念，提升品牌附加值和软实力。充分发挥各类媒体的作用，加大国产品牌宣传推广力度，加速我国应急产业品牌价值评价国际化进程。

（4）提出经济内外循环结合理念下的应急产业国际交流合作。要求积极推动应急产业纳入我国对外各类合作机制，支持举办和参与国际交流活动，主动设置议题，在世界范围扩大我国应急产业国际影响力。加强与"一带一路"沿线国家和德国、美国、日本等发达国家应急产业国际合作，推动我国应急产品、技术、标准"走出去"。鼓励企业积极开拓海外市场，提供系统集成、产品供应、应急服务、运营维护等全链条保障，在对外援助、境外救援等事项中体现我国应急产业实力和综合救援能力。将应急产业相关内容纳入鼓励外商投资目录，吸引国外优秀企业在华设立研发机构和生产基地，支持地方发展具有区域特色的国际应急产业合作基地。

（二）统一要素市场建设

2020 年 3 月，《中共中央 国务院关于构建更加完善的要素市场化配置体制机制的意见》提出，坚持以供应链结构性改革为主线，坚持新发展理念，坚持深化市场化改革、扩大高水平开放，破除阻碍要素自由流动的体制机制障碍，扩大要素市场化配置范围，健全要素市场体系，推进要素市场制度建设，实现要素价格市场决定、流动自主有序、配置高效公平，为建设高标准市场体系、推动高质量发展、建设现代化经济体系打下坚实的制度基础，并从战略思路、战略实施逻辑、要素市场空间范围和要素范围、要素市场运行机制等多方面进行了规定。

（1）建立全国统一的土地要素市场。包括建立健全城乡统一的建设用地市场、深化产业用地市场化配置改革、鼓励盘活存量建设用地；对城乡土地实施城乡土地统一调查、统一规划、统一整治、统一登记的"四统一"。

（2）推进劳动力要素市场有序建设。包括深化户籍制度改革、建设劳动力和人才社会性流动渠道、完善技术技能评价制度、加大人才引进力度等制度和机制入手。

（3）推进资本要素市场建设。包括完善股票市场基础制度、加快发展债券市场、增加有效金融服务供给、主动有序扩大金融业对外开放等内容。

（4）加快发展技术要素市场。包括健全职务科技成果产权制度、完善科技创新资源配置方式、培育发展技术转移机构和技术经理人、促进技术要素与资本要素融合发展、支持国际科技创新合作。

（5）加快培育数据要素市场。包括推进政府数据开放共享、提升社会数据资源价值、加强数据资源整合和安全保护。

同时提出要素价格市场化改革，包括完善主要由市场决定要素价格机制，加强要素价格管理和监督、健全生产要素由市场评价贡献、按贡献决定报酬的机制。健全要素市场运行机制，包括健全要素市场化交易平台、完善要素交易规则和服务（研究制定土地、技术市场交易管理制度；建立健全数据产权交易和行业自律机制；推进全流程电子化交易；推进实物资产证券化；鼓励要素交易平台与各类金融机构、中介机构合作，形成涵盖产权界定、价格评估、流转交易、担保、保险等业务的综合服务体系）、提升要素交易监管水平、增强要素应急配置能力（把要素的应急管理和配置作为国家应急管理体系建设的重要内容，适应应急物资生产调配和应急管理需要，建立对相关生产要素的紧急调拨、采购等制度，提高应急状态下的要素高效协同配置能力；鼓励运用大数据、人工智能、云计算等数字技术，在应急管理、疫情防控、资源调配、社会管理等方面更好地发挥作用）。

（三）全国统一大市场建设

2022年4月发布的《中共中央　国务院关于加快建设全国统一大市场的意

见》，开门见山提出"建设全国统一大市场是构建新发展格局的基础支撑和内在要求。为从全局和战略高度加快建设全国统一大市场，现提出如下意见"。

"（一）指导思想"的关键词是"加快建立全国统一的市场制度规则"，将建设全国统一大市场的内容进行了明确表述。目标是"打破地方保护和市场分割，打通制约经济循环的关键堵点，促进商品要素资源在更大范围内畅通流动，加快建设高效规范、公平竞争、充分开放的全国统一大市场"。意味着经济内循环的发展要求以全国市场为统一整体市场，形成以行业为单元的产业供应链闭环生态体系。

"（二）工作原则"内容表述为要求"立足内需，畅通循环。以高质量供给创造和引领需求，使生产、分配、流通、消费各环节更加畅通，提高市场运行效率，进一步巩固和扩展市场资源优势，使建设超大规模的国内市场成为一个可持续的历史过程"，是要求以生产促进需求的供应链健康发展。"有效市场，有为政府"是讲供需互相促进的关系，政府与供需市场的关系，要求政府在市场资源配置中充分尊重市场原则和法律准则，努力建设全国统一大市场优势。"立破并举，完善制度""破除各种封闭小市场、自我小循环""系统协同，稳妥推进"都是在表述地方政府在全国统一大市场建设中需要面对的问题和应该有的态度。

"（三）主要目标"中"持续推动国内市场高效畅通和规模拓展"是要求提高市场运行效率和扩大市场规模，字里行间表达出在行业细分领域开展市场供应链优化和市场聚集，以提高供应链发展质量和供应链上所有参与者得到分享的目标要求；"加快营造稳定公平透明可预期的营商环境"是讲大市场建设中的公共管理要求；"进一步降低市场交易成本"是在市场体制与机制、法制上，降低市场交易制度成本，保障大市场建设；"促进科技创新和产业升级"是要通过大市场建设，建立需求拉动创新的体制与机制；"培育参与国际竞争合作新优势"是在全国统一大市场建设要求下，提升国内市场与国际市场互通有无的能力。

"二、强化市场基础制度规则统一"是讲统一大市场运行规则。内容表述基本是按照"互联网+产业"平台市场的运行规则在表述。"（四）完善统一的产权保护制度"，表达统一大市场中的产品、技术或服务的知识产权保护机制的建设和运转。"（五）实行统一的市场准入制度"是从准入开始描述统一大市场建设，要求以行业为单元的全国统一大市场要建立统一的市场准入规则。"（六）维护统一的公平竞争制度"是讲市场交易规则，要求反垄断、反不当竞争、反倾销。"（七）健全统一的社会信用制度"是表达全国统一市场建设中的信用管理制度建设。

"三、推进市场设施高标准联通"是讲全国统一大市场的市场载体建设方案。"（八）建设现代流通网络。优化商贸流通基础设施布局，加快数字化建设，推动线上线下融合发展，形成更多商贸流通新平台新业态新模式"是讲供应链电子贸易数据化改造，推进供应链商贸信息化和数据化改造。"推动国家物流枢纽网络建设，大力发展多式联运，推广标准化托盘带板运输模式。大力发展第三方物流，支持数字化第三方物流交付平台建设，推动第三方物流产业科技和商业模式创新"是讲产业供应链电子商务平台的商贸运行，要配套高质量的物流仓储服务能力，促进全社会物流降本增效。"培育一批有全球影响力的数字化平台企业和供应链企业"是讲统一大市场建设运营主体培养。"加强应急物流体系建设，提升灾害高风险区域交通运输设施、物流站点等设防水平和承灾能力，积极防范粮食、能源等重要产品供应短缺风险"是讲统一大市场建设中，不仅要建设一般产品的统一大市场，还强调应急产品市场的配套建设。同时讲到为统一大市场建设配套交通、电信、能源基础设施配套。"（九）完善市场信息交互渠道"是建议统一大市场的信息服务。"（十）推动交易平台优化升级"，一是提出优化、规范公共资源交易平台管理；二是加快推动商品市场数字化改造和智能化升级，鼓励打造综合性商品交易平台，鼓励与综合性商品交易平台衔接的商贸配套服务，如金融机构、产权界定、价格评估、担保、保险等接入。

"四、打造统一的要素和资源市场"，提出了健全城乡统一的土地和劳动力市场、加快发展统一的资本市场、加快培育统一的技术和数据市场、建设全国统一的能源市场、培育发展全国统一的生态环境市场的任务。

"五、推进商品和服务市场高水平统一"是讲全国统一大市场的运行规则，包括健全商品质量体系、完善标准和计量体系。按照行业细分，建立统一的服务规则，全面提升消费服务质量。

"六、推进市场监管公平统一"中"（十九）健全统一市场监管规则"就监管方面，提出按照行业细分和政府监管、平台自律、行业自治、社会监督多主体的监管责任；"（二十）强化统一市场监管执法"，推进维护统一市场综合执法能力建设。

"七、进一步规范不当市场竞争和市场干预行为"是对有碍于全国统一大市场的各个方面进行改革调整。

理论篇

第二章　全国农产品统一大市场建设对农业现代化转型发展的意义

农产品统一大市场包括从农资供应到农业生产、农产品加工和农产品销售全产业链，以及支持产业链正常运行的结算、金融、保险、担保、仓储物流配送、工商、税务、品牌运营等现代服务，因此农业供应链是一个巨大且复杂的系统。

在我们看来，美国、欧洲、日本乃至中国台湾地区的农业现代化历史，就是一个农产品统一大市场运行优化的历史。包括现代农业的公共商贸体系、公共物流体系建设史；一键清分下的结算、金融、担保等现代服务大数据管理史；种植、施肥、灭害、收割、浇水、除草协作分工发展史；农业规模化、组织化、标准化、发展的历史。认识中国农业发展制约根源是农产品统一大市场建设方案设计的依据。

一、中国农业发展制约的根源

中国实施集体经济体制下的联产承包责任制度，分户经营，为解决农村温饱问题做出重大贡献。随着城市非农业的市场经济体制改革与发展，农村农业市场经济运行缺陷明显表现出来。

（一）农业生产中制度性矛盾

农业集体所有分户经营，与非农产业的市场经济产权制度严格区别，但是农村集体经济经营在市场经济体系下运行,无法适应市场经济运营环境。

案例:重庆是柑橘主产区,在某村,有一个2 000亩的柑橘龙头企业用有机肥培育广柑,土地流转费用700元/亩,即140万元的流转费用、用工成本70元/(人·天),广柑成本8.6元/公斤。另一个柑橘农业合作社也用有机肥培育广柑,农户土地作为固定财产入股,参与利润分配,农工市场定价参照社会就业市场价格,60元/(人·天),广柑成本7.6元/公斤。还有一个柑橘种植农户用化肥农药培育广柑,没有流转资金支出,市场倒逼农工价格30元/天,生产成本1.6元/公斤。也就是说不同的生产组织形态、不同的产品质量标准,生产成本差异显著;在质量无法全程追溯的环境下,流通环节采购基本按照1.6元/公斤计价。

基于以上案例,得出农业生产中的体制问题:

(1)农业分户经营与农业组织化、规模化、标准化需求的矛盾。农业土地集体分户经营,并按照自然属性季节性生产,导致农业生产单位生产规模太小,单位时间生产效率差距大,资金要素投资效应差,劳动力要素报酬低。

(2)农业土地集体所有无偿使用制度与小比例土地流转经营制度矛盾。一方面,当前土地流转制度是将土地收益加入农业经营成本,流转企业经营成本太高;另一方面,在没有形成大比例的土地流转性经营环境下,农产品市场价格结构中没有土地流转成本;第三,土地是固定投入,在会计管理上应该是维持土地可持续利用的生态补偿费用计入产品成本,参与利润分享。土地固定投入收益(财产性收益)因为易主而移植到费用科目进入成本,市场经济原则具有否定权。这意味着土地流转制度并不支持农业向组织化、规模化经营方向发展,也意味着农业经济现状环境不支持社会资本进入农业。

(3)农产品全程追溯管理制度不完善,带来标准产品市场信用缺陷。一方面,生产端实施"三品一标"产品认证机制和生鲜农产品抽样检测;另一方面,终端市场长期没有全面抽样检测和难以启动全面抽样检测,标准农产品信用丧失,意味着标准农产品生产成本高出非标准产品成本部分得不到认可,也意味着用于保证农业土地可持续经营的生态补偿投入得不到市场认可。

（4）在农业集体所有、联产承包经营农户大量存在的环境，龙头企业、合作社与个体农户劳动定价主体是不同的，龙头企业、合作社劳动定价权主要在就业者，并参照非农行业就业作价；个体经营户劳动定价权在市场，并按照农业劳动技能要求偏低、劳动年龄偏大、知识文化程度偏低、劳动季节性、生产退出能力不足等状况低水平定价。

由此农产品的价格机制中质量竞争机制被毁灭，质量安全受危害；低价竞争成为价格形成的唯一动力，导致企业因土地流转费用得不到认可、劳动力成本高而无法生存、社会资本难以进入农业组织规模化、标准化生产；个体农户经营因为劳动价格低也大量退出土地。仅剩的劳动力在农产品生产中大量使用化肥农药，以高产量、低成本满足市场低价格、产品好的形态要求。

（二）农业销售环节信息不对称导致服务成本成倍增加

案例：北京四季青的黄瓜，从地头收成0.3元/斤，到零售成了2元/斤。流通环节经历一批、二批、配送、商超零售到消费者，过程中没有暴利环节，风险巨大，工作环境非常辛苦。

解剖合理下的不合理根本，在于生产分散、需求分散、供需规模巨大的环境下，供应链信息不对称，一方面不得已增加中间贸易环节，流动资金成本成倍增长；另一方面瞬间供需不平衡、风险惊人；同时农产品保存难度大、损耗大、环节服务费用高。

（1）流通环节的作价机制上部分已经描述，流通环节作价黄瓜0.3元/斤，是质量竞争灭失的最终结果。

（2）包产到户责任制以来，农业生产逐步分散化，特别是在西部地区与此相适应形成以县域为单元的农产品批发经营户组织体系，散小经营。这些散小批发经营户信用达不到美国、欧洲、以色列等国家的信用水平，需要完成现金交易，较发达国家增加一个贸易环节，则增加一次流动投入。

（3）随着中国城市经济的快速发展，在城市端形成巨大的市场需求和众多的需求主体。在信息不对称的环境下，必须再次增加一级批发贸易环节（其中也有少量代发或自发等业务形态）。

（4）在批发贸易环节中，因为批发市场的空间不断向城市郊区转移，必须有中间配送商为商超、机构、农贸市场、餐饮、酒店提供农产品配送服务（也有少量机构直接选择订单农业），再次形成一个贸易环节。通常这个环节因为账期长、结算风险大而毛利要求高。

（三）农业生产现代服务参与农业的经济性差

在农业资金利润水平低、经营风险大、信用能力低、空间分散、规模化水平低的环境下，农业生产性服务业很难与农业生产相匹配。

（1）农村物流成本压力巨大。主要是空间分散、单位体积产品价值低、质量低，自营为主物流量小、进出物流不匹配的运营状态无法及时转换。据统计，西部地区农业物流成本达到增加值约18%的水平，是工业产品物流成本的4倍左右，小件物流首重单价约15元，是城市的5倍。

（2）结算方式传统。以现金交易和线下交易为主，而且多次交易，与发达国家农产品交易一站式服务，最后一键清分结算相比效率和效应低下。

（3）市场信息不准确和结算信息分散，导致金融服务难以获取信用信息支持，农村金融服务相对困难。

（4）现代市场在线上与线下、批发与零售大整合过程中，特别是在农电商经营中，因为流量成本高，农产品附加价值低，电商价格敏感性强，农电商已连续三年出现行业性亏损。

因此在农产品统一大市场建设中，必须系统性地克服以上问题。

二、农业大市场建设任务及基本定位

（一）战略任务

就以上问题,无论是"互联网+现代农业",还是"农产品统一大市场建设",其战略任务是:用现代的产业管理思想和互联网信息化管理手段,建立"二标一品"农产品从生产端到消费端良性运行的市场经济生态系统,重构农业的价值和信用。验证传统农业创新发展中面临的农业经济制度、农业产业政策、供应链垂直闭环运行信息化管理技术、安全农产品产业垂直闭环运行的良性生态系统、供应链统一大市场之可持续发展的商业逻辑(产业运营商)、"三农"参与发展的农产品定价机制与契约化关系建设。

（二）农产品统一大市场建设定位

从行业来看,包括产品农业和体验观光休闲度假农业。

从供应链来看,包括农业产品生产、农业产品加工、农业产品仓储物流配送、产业流程结算、农村金融、农村金融担保、农业保险、农产品贸易(批发/零售、线上/线下)、农产品质量全程追溯管理等。

从运营思想来看,实施产业垂直闭环运行,并按照行政多层级进行农业全产业市场整合。

从组织架构来看,用有效的互联网信息化管理手段和科学的产业管理思想,建立云、县(区)、村三级互联网运营平台,实现行业运营服务和行业自律管理。

从产业融合手段来看,用互联网管理手段支持建立农业产业垂直闭环运行,构建三次产业融合运行的行为法典和共享互赢的契约关系。

三、农产品统一大市场建设主要目标及内容

（一）农产品统一大市场建设主要目标

全面创新《农业经济价值重塑》《农村集体经济产权制度创新与农村要素市场开放》《现代农业生产组织与管理》《安全农产品定价机制》《现代农产品公共商贸组织与管理》《现代农业营销服务》《现代农产品金融与非金融服务》《现代农产品公共物流服务》《农业产业垂直闭环运行后台支持与大数据云计算服务》《现代农业的产业链之间的契约关系构建与利益公平分享》《农业产业垂直闭环运行的互联网管理技术需求》《农产品质量全程追溯管理体制制度与场景描述》《农产品线上与线下市场整合与营销战略》《农村三产融合的经济效应评价》、《农产品安全市场信用重塑》《农业产业垂直闭环运行平台（垄断型组织）运营商业模式》等内容。

（二）农产品统一大市场建设主要内容

力图设计安全农产品供应链垂直闭环运行的系统性大市场建设方案。包括设计安全农产品终端市场（商超、配送商）整体性启动的需求方案，验证需求导向的订单农业可行性；设计农业供应链垂直闭环运行的信息技术需求方案，验证农业供应链管理信息对称的可行性；设计依托互联网、物联网管理工具与供应链四个公共管理职能有机融合运行方案，验证安全农产品质量全程追溯管理的可行性；设计农产品质量和价格信用机制建设方案，验证逆转农业供应链劣币驱逐良币恶性生态的可行性；设计订单农业带来的担保、保险与金融服务体系与农业供应链匹配发展方案，验证大数据下的农业生产与现代服务融合发展的可行性。

在试验设计中,主要内容包括:农业供应链发展的农业经济产权制度改革可行性;农业供应链大市场面临的农产品定价互害机制的逆转方案;农业供应链大市场的农村最后一公里仓储物流解决方案;农业供应链大市场面临的农产品质量安全管理实施路径;农业供应链大市场区县农业经济独立性与县域之间聚集共享机制建设路径;农业供应链大市场面临分散组织向合作社、公司化组织建设路径与改革内容;农业供应链大市场面临分散生产向规模化、集中化转化可行性;农业供应链大市场面临创新创业人才和基本劳动力回流动力模拟;农业供应链大市场面临以县为基本行政区域、村为基本经济单元的供应链资源匹配关系建设;农业供应链大市场中村经济组织与外部供应链对接的体制与机制建设;农业供应链大市场中面临供应链融合中的成长机制建设;农业供应链大市场中云、县(区)、村三级垄断组织建设运营机制可行性;农业供应链大市场中面临云、县(区)、村三级运行产业信息化管理技术的可行性;农业供应链大市场中面临各个方面的公平、合理、公开透明契约制度建设实现路径;农业供应链大市场中制度成本和政府公共财政制度改革需求;农业供应链大市场中安全农产品质量全程追溯管理的设施投入和服务采购可行性;农业供应链大市场中政策性担保和政策性金融服务的经济性。

四、农业供应链大市场建设组织方案

(一)选定实验基地

在"互联网+现代农业"大市场建设基础上,对农业供应链融合创新整体架构进行全面大市场建设,检验设计方案的经济性、技术性、政策和制度可行性。

(二)建立公共管理部门协同

做到农业农村部、国家市场监管总局、商务部、质量监督总局对接,保证农业供应链大市场中的公共管理数据接口开放和数据统一。

（三）联合社会公共组织力量

与公共管理部门（国家乡村振兴局、民政部门）和相关社会团体（工会组织、慈善机构、妇联、共青团）联合发起特色安全农产品定制，检验所有融合创新发展成果。

（四）推进行业自律

与农业各个行业协会对接，实施行业自律、政府背书的农产品安全管理，检验农产品安全信用机制。

（五）联合社会服务力量

在基层试点运行公共物流体系。

五、农业供应链大市场建设核心工程

农业供应链大市场的核心在于建立"三标一品"农产品公共商贸体系。在这个体系涉及生产端—物流—市场渠道—消费端四个板块的架构。因此，大市场建设核心工程包括：

（一）建立省（自治区、直辖市）、区（县）、村三级运营平台，特别创新村平台组织机制

建立以农村集体自治组织、农村集体经济组织并行的公司法人组织。一方面，为本村农户开展生产组织服务，实现农业生产和外部市场互联互通；另一方面，代表农业生产组织与农业现代服务环节建立经济合作关系，提供政府推动

农村标准化生产服务建设的承接主体。同时，该组织实现的利益将通过股权分配留在当地，实现当地农村发展的自我造血功能以及推动农村市场经济体制的进一步完善。

（二）建立以区县为单位的社会公共物流体系

通过互联网物流信息技术手段整合县域内工业、农业、商贸、电商等流通业务需求，实现物流需求与物流供给资源的高效对接；通过打造县域内物流节点，实现县（区）、乡（镇）、村三级物流信息互通，在服务整个标准农产品公共商贸体系中，实现传统物流合作—物流商业合作—物流商业联盟—物流公共体系的有效转换。

（三）建立完整的"二标一品"农产品市场渠道

包括在城市批发市场建立"二标一品"农产品线下体验、展示和线上批发为一体的综合市场；在城市网格化布局"二标一品"农产品超市、线下体验展示、线上批发为一体的连锁市场；在现有市场体系中建立"三标一品"独立运行的市场运营体系；推进非标产品市场体系向标准产品市场体系转换融合机制。

（四）建立"二标一品"农产品质量全程追溯管理体系

包括建立标准管理制度；建立检验检测管理制度；建立农业、商贸物流、质量监督、食品药品监督四个部门统一质量监管运行机制和数据标准；建立"二标一品"农产品可溯源的强制消费制度（医院、学校等）、引导消费制度（餐饮等）、自由选择消费制度体系（商超等）；"三标一品"农产品质量违约处罚制度。

六、农业供应链大市场建设保障措施

(一)农业供应链大市场中做好保障系统

包括建立农业供应链大市场的信息化后台支持系统;建立农业供应链大市场的安全农产品信用支持体系;建立供应链大市场中产业之间的服务契约关系和一键清分结算能力;修正农产品定价互害机制;建立区县农业经济既独立性又共享的互联网经济;落实以县为基本行政区域、村为基本经济单元的供应链资源匹配;建立村经济组织与外部供应链经济对接的体制与机制;建立支持农业供应链大市场中云、县(区)、村三级垄断组织建设运营组织发展环境;建立云、县(区)、村三级运行产业信息化管理技术系统;建立各个方面的公平、合理、公开透明契约制度建设的组织机制;建立支持农业供应链大市场公共财政制度;实施农业供应链大市场中政策性担保和政策性金融扶持制度。

(二)农业供应链大市场建设中掌握若干关键

建设推进供应链改革是一项巨大且复杂的系统工程,大市场建设中需要掌握七个战略关键:

(1)建立示范机制。在顶层设计基础上,实施战略示范。

(2)建立互联网经济发展逻辑。建立以省(自治区、直辖市)为单元的运营系统,保障"互联网+农业供应链大市场"的经济性、技术性、技术经济性。

(3)引导"三标一品"农产品市场消费。包括引导"三标一品"消费,提升消费者"三标一品"农产品的认知能力和消费能力;利用党政机关事业单位国有企业职工工会会费和机构消费,定制特色安全农产品制度;重构农产品定价机制,建立安全农产品价格信用体系,遏制标准农产品价格互害模式生息。

（4）建立完善的基础设施配套体系，特别是在城市端建立与大宗批发市场相衔接的线上线下一体化的批发、配送、体验、零售综合运营的连锁市场渠道。

（5）培养"互联网+农村产业"融合发展运营商，建立标准农产品全产业链一体化后台管理系统，支持"互联网+农村产业"融合发展。即用"互联网+农村产业"融合发展云、区（县）、村三级运营平台，通过复制的方式，组织、指挥、调度农业现代生产与现代服务闭环管理系统。

（6）强化互联网平台的供应链融合功能。利用"互联网+农业供应链大市场"省（自治区、直辖市）、区（县）、村三级运营平台的公开透明精准渠道，全面支持农村生活服务（工业品下乡、农资进村、代购、代销、政府信息推送、代缴水电气电信等费用）、政府市场性配置公共资源、社会救助服务，并用大数据管理能力支持金融、结算、担保等现代服务。

（7）通过云、省（自治区、直辖市）、区（县）、村多级运营平台建设，实现以各个区县为基础单元平台的独立性与聚合共享性，保障各个区县农业供应链改革与发展的经济性和技术可行性。

第三章　农产品统一大市场视角的区域农业现代化

——以重庆为例

习近平总书记强调,没有农业农村现代化,就没有整个国家的现代化。重庆市集大城市、大农村、大山区、大库区于一体的特殊市情,导致城乡发展差距明显。在经济内外循环发展要求下,统一大市场建设是基于自上而下(顶层设计统一大市场运行规则和运行标准)和自下而上(由产业企业落地基础单元向各级行政单元不断聚合)结合的逻辑。在农产品统一大市场顶层设计确定以后,以重庆为案例开展市、区(县)、乡(镇)、村的四级管理架构,组织、利用重庆本地生活中 1 800 亿元农产品及其农产品加工品消费需求,开展本土化生产经济与技术可行性论证;全面深化农业特色产业带区划和规划;组织市场反向定制农产品管理工程,拉动农业基地组织化、规模化、标准化生产;推进农业生产体系与农业经营体系现代化建设、现代农业生产与现代农业生产服务融合发展、农业生产与农产品加工链接、农业生产基地与农村康养休闲旅游融合的农业综合体建设;加强农村新老基础设施建设,缩小城乡数字鸿沟;全面推进农业供给侧结构性改革等农业现代化工程建设,构建重庆市 3 000 亿元市场(自供率达到 60% ,1 800 亿元)统一运行的新格局。

一、重庆农业现代化的探索与实践

党的十九大明确提出"坚持农业农村优先发展""加快推进农业农村现代

化",农业现代化首次进入国家层面的战略规划。近年来,重庆市委、市政府团结带领全市人民,深学笃用习近平总书记关于"三农"工作、扶贫工作重要论述和对重庆提出的系列重要指示要求,立足重庆市情农情,坚持"抓大城乡促融合化",把乡村振兴作为重庆发展的最大潜力,通过改革与发展,全面推进农业现代化发展进程。

(1)全产业链发展现代特色效益农业,构建"371+X"体系,不断夯实农业国民经济基础地位,形成现代山地特色高效农业格局。

发展现代特色效益农业,构建"371+X"体系。"3"即提升粮油、蔬菜、生猪三大保供产业。将粮食种植面积和产量分别调整到3 000万亩和1 000万吨;围绕渝遂高速公路沿线时令蔬菜、高山蔬菜、三峡库区加工蔬菜三大产区,建成我国南方高山蔬菜重点基地和"南菜北运"重要基地;加快国家现代畜牧业示范区建设,保障全市生猪出栏稳定在2 000万头左右。"7"即全力打造柑橘、榨菜、生态渔业、草食牲畜、茶叶、中药材、调味品七大特色农业产业链,建设高标准农田和标准化特色产业基地各1 000万亩,实现七大特色产业链综合产值提高到1 500亿元以上。"1"即大力发展休闲农业与乡村旅游,将其打造成千亿级产业。"X"即因地制宜发展特色水果、蜂蜜、蚕桑、烟叶、木本油料等区域性特色产业。

农业品质化、品牌化水平全面提升。坚持质量兴农、绿色兴农、品牌强农,强化品种、品质、品牌建设和标准化生产,"巴味渝珍"入选新华社民族品牌工程,累计授权374家主体、637个产品。主要农产品质量安全例行监测合格率保持在97%以上。巫山脆李、奉节脐橙跻身全国同类农产品一流品牌。

农村三次产业深度融合发展。运用"农业+""+农业"拓展了农业的产业链、信息链、物流链和价值链,乡村旅游、农村电商、订单农业、场景农业等新型农业模式不断涌现。乡村休闲旅游经营收入459亿元,农产品网络零售额72亿元。

(2)持续深化农业农村改革,乡村高质量发展的体制机制更加完善。农村集体产权制度改革整市试点全面推开。

对农村集体所有的资源、资产和资金进行清查核实,通过产业带动、资源开发、服务创收、租赁经营、项目拉动等方式发展壮大农村集体经济。农村"三变"改革持续深化。探索形成了"三变+特色产业""三变+集体经济""三变+脱贫攻坚"等改革模式,试点村累计达到 2 196 个,全市有经营收入的村占比达到 77.6%,103 万名农民当上股东。农村"三社"融合发展成效初显。以供销总社、农业农村委为主要力量,组织构建起市、区(县)、乡(镇)、村四级为农业提供技物服务、产品销售、农业普惠金融、农业担保、农业保险等现代服务组织体系,惠及7.4 万户新型农业经营主体。

二、重庆农业农村现代化面临的主要问题与挑战

随着脱贫攻坚取得伟大胜利,全面推进乡村振兴,实现农业农村现代化成为当前和今后一个时期我国"三农"工作的重点和目标。目前,重庆农业农村现代化发展尚处于起步阶段,主要面临以下五个方面的问题:

(1)农业全面免税制度改革到了需要进一步深化的新阶段。

2006 年,全国范围内取消农业税,实施"全面免税"制度。其直接意义是减轻了农户的农业生产税赋;衍生意义在于他们不再因为农业土地占有的纳税任务(按照土地面积实物纳税或现金纳税)而局限在农业土地上,推进了农户从离土不离乡到长期进入城市的重大转变,为重庆 800 万名农民及其供养人口获得经济发展和共享城市文明机遇。但是回首农村,发现农业产业供应链增值税专用发票"不能、不愿、不准、需要"四个问题和农产品流通领域减、免、偷、漏、高税情况并存现象,导致农产品采购难问题,衍生出销售难问题,即农户不能开具增值税专用发票、经纪人和产地批发商不愿开具增值税专用发票、农业电子增值税专用发票试点省市因为税收安全考虑而不准开具电子增值税专用发票、市场终端经营者为计税抵扣需要增值税专用发票四个方面,让增值税专用发票实际

实现率只有20%左右,因此,深化农业全面免税制度迫在眉睫。谁先行先试,将获得重要的发展机遇。

（2）农业要素市场存在制度性缺陷。

农村土地养老制度与农业劳动力市场化配置资源的要求存在矛盾。农村养老制度下,老人务农是为个人生存,而农村劳动力及就业是为上养老、下抚小、个人生存和发展的多重需要,因此老人养老务农的劳动力价格与农业劳动力就业价格存在明显差异,在农村60岁以上人口养老就业人口数量占农村劳动力总量的50%以上的环境下,严重干扰农业劳动力就业市场价格,并挤走农业劳动力。

农业生产的自然属性决定农业低工资。农业劳动季节性与市场对农产品成本核算中按照工时计价办法和农村老人土地养老劳动工资定价规则,决定了农产品低价格定价,农业企业难以生存;农业就业收入低于非农产业就业收入,农民因此背井离乡。

农业联产承包经营及免除土地使用税收制度,原意是惠及农民,但是在供需博弈中成为产品成本中排除土地流转费的基础。一方面,在市场对农产品价格竞争性挤压中,没有土地收益部分,农民无法获得土地使用价值收益;另一方面,龙头企业或农业合作社等新经营主体在土地流转规模使用中,市场通过农民土地零成本自营与土地流转经营竞争性关系,挤压到土地流转成本不被认可的程度,让农业投资远离市场。同时,重庆是山地城市,农业土地集中规模化经营的难度大,在成长到规模经营过程中被山东、云南等大宗农产品产地市场遏制。

（3）小农生产经营很难达到一年四季多产品间作轮种并完成销售的状态,外出农民难以回归土地。

近年来重庆农村新型经营主体不断发展,但是总体还在起步阶段,分散小规模经营依然是农业经营的主体。按照农民经营收入预期调查,农民意愿务农的基本要求在5 000～8 000元/（亩·年）,户均耕地约10亩。据测算,如果不实现土地间作轮种,一般农产品收入达到 5 000 ~ 8 000 元/(亩·年)不具有普遍性和现实性;面对庞大而多环节的农产品供应市场,要农户间作轮种,规模化多种产品并完成与产品市场对接销售工作难度较大。

(4)农村金融服务等现代服务只间接服务农业农村。

在农业投资经营效果不明显、农村经营主体小散、农村经营主体财务管理不太规范的环境下,伴随着农村劳动力离开农村,农村金融等现代服务业逐步脱离农业。他们主要基于农业政策性担保制度,依托政府政策性担保服务,间接服务农业。

(5)农村新型集体经济发展总体还比较弱。

近年来,特别是精准脱贫以来,通过农村集体资产产权制度改革及"三变"改革,行政村经营性资产有所增长,但农村经营性资产总量仍然较小,集体经济的发展起点低。2019 年,重庆市农村集体资产总额 1 089 亿元,其中经营性资产 121 亿元,占比仅为 11.1%,不到全国平均水平的 1/4;与江苏农村集体资产规模超 4 000 亿元,经营性资产占比超 50% 比较,相差甚远;居全市第一的渝北区村均经营性收入 185.6 万元,比江苏村均低近 20 万元;全市集体经济年收入 10 万元以上的村占比为 21%,而浙江、江苏均已达 100%。集体经济"空壳村"尚未完全消除。

三、通过农产品统一大市场建设,推动重庆农业现代化的总体思路

(一)总体思路

把解决好"三农"问题作为全党工作重中之重,深入贯彻习近平新时代中国特色社会主义思想,严格落实"五级书记"抓乡村振兴的重要要求;依据《中华人

民共和国宪法》农村集体经济所有体制规定,以农业社会化大生产并兼顾家庭农场发展为主要方向,以把控重庆 1 800 亿元农产品及农产品加工品消费需求为出发点,全面构建反向定制农产品的农业数字总部经济管理工程,建立巨大潜力的农村众创空间,推动农业生产体系、经营体系的全面重组和优化,建设农业现代生产与现代服务,第一、二、三产业,农村与城市融合发展新格局。

(二)总体目标

到 2025 年,重庆市基于粮食等主要农产品供需基本平衡要求和 3 000 亿元市场,建设开放性农产品统一大市场,确保实现"一个衔接、两个赶上、三个突破",即实现巩固拓展脱贫攻坚成果同乡村振兴有效衔接,农民收入赶上全国平均水平,乡村振兴"先行示范类"区县赶上东部地区平均水平,农业科技创新、农业农村高质量发展、城乡融合发展取得重大突破。

(1)农业产业体系现代化。在确保粮食安全的基础上,立足三大农业生产区域和七大特色产业集群,建立以乡镇、区县、市域三级管理的数字农业总部经济体系和以特色产业集群供应链管理的数字总部经济体系,并集成重庆现代农业数字总部经济体系。

(2)农业生产体系现代化。大力提高农业全程全面机械化水平,提高农田灌溉水、化肥和农药有效利用率,建立贯通全产业链的信息收集和处理体系。创建长江上游种质资源创制中心,打造"西南丘陵山区特色效益农业科技创新联盟"。

(3)农业经营体系现代化。从经营内容上建立"三社"融合的经营体系;从产权结构上建立集体经济股份合作组织体系和"三变"改革组织机制;在经营组织上完成现代生产与现代服务数字互联互通、融合发展。

(4)全面推进农业供给侧结构性改革。一是深入推进"农业全面免税"制度改革,将农业电子增值税发票的税务改革和农业全面免税的税制改革落到实处;二是通过"三权分置"、农业股份合作制度和农业产业供应链管理工程,建立农业生产环节参与供应链后端价值分享机制,逆转市场对农产品、农村劳动力、农村土地使用的定价机制,重构市场性配置农业生产要素制度。

(5)农村基础设施和公共服务现代化。要在遵循村庄演变规律的基础上,建设交通、供水、能源、信息等农村基础设施更加完备,为农业现代化保驾护航。

四、实施重点及路径

全面打造农产品开放性、统一性大市场,开启工程建设组织工作。

(一)全面把控重庆农产品消费市场

(1)通过重庆市商务局,按照批发市场、大型商超、社区农贸、社区超市、餐饮配送、机构食堂几个主要市场渠道细分,全面采集按照单品细分的农产品消费数据。

(2)组织市场论证重庆市各个主要单品本地生产的技术经济可行性。

(3)准确预测重庆市本地供应各主要农产品数量。

(二)深度优化重庆市农业区划和规划

在渝遂高速公路沿线时令蔬菜、高山蔬菜、三峡库区加工蔬菜三大产区,结合大农业生产地区和"371+X"体系,开展重庆市农业区划和规划。区划和规划中确保因地制宜间作轮种和综合收入达到 6 000 元/亩以上。

(三)建立农业数字总部经济管理工程运行生态

(1)建立四维结构管理工程,承载现代农业经营体系。

维度 1:"互联网+"现代农业工程,互联网、物联网、大数据与实体经济融合技术体系。

维度2:农业供应链交易体系(经营体系)。包括农业生产、农业产品产地批发、农产品仓储物流分拣(或加工)、农产品市场配送、农产品终端市场销售等环节。供应链各个小闭环交易,且各个环节之间数据互联互通,支撑农产品实物数据、交易价值数据、质量等信息数据"三流合一",全程闭环。

维度3:现代生产服务体系(经营体系)。与供应链交易体系各个小闭环互联互通,精准配置结算、金融、担保、保险、仓储、物流、电子税务、质量标准、检验检测、质量全程追溯等现代化服务。

维度4:公共管理智慧服务大厅。供产品供应链各个环节、各项现代服务功能模块与相应的政府公共行政大厅互联互通,确保政府公共管理智慧行政。

(2)基于三大农产品生产区域,建立农业数字总部经济管理工程,建立现代农业生产体系。建立村、镇、区县、区域、全域多层级多产品统一大市场管理工程。重点为各个产品运营提供共享现代生产服务体系、为各个行政单元发展本地农业提供决策数据支持。

(3)基于"371+X"体系,分别建立特色产业集群数字总部经济管理工程。建立各个特色产业集群,建立独立的数字总部经济管理工程的同时,为各个特色产业集群提供共享现代服务。

(4)组织各个维度的农业数字总部经济管理工程运营。组织现代生产服务进入农业数字总部经济管理工程,全面构建农业现代化生态环境;由各个区县农业农村管理部门组织生产单位根据市场需求,按照订单约定组织生产;商务部门组织客商全面上线业务,完成数字贸易转换;各个公共管理部门按照环节接口,数据互联互通,智慧行政。

(四)推进农业现代生产组织机制建设

以城口县农业生产组织体系模式为模板,开展农业经济制度改革。

(1)搭建以县域为单元,集中服务的组织机构,统领县域农业现代化发展中的所有市场资源配置。包括集中全县农业集体经济资产,组织资产信用聚集,并推进农业产业集群发展的资金组织;配套全县农产品仓储物流分拣配送资源精准配置到农业生产基地;配套技物服务资源,为农业生产提供有效服务⋯⋯

(2)建立以镇乡为单元的农业生产组织体系。一方面,建立乡镇为单元的农业资产管理和农业经营管理平台组织,确保农业集体经济股份制度改革到位和新经济主体建设中的"三权分置";另一方面,以资产或业务为纽带,组织农业生产体系与经营体系有机整合,同时推进农业生产组织或农户参与农业供应链后端的价值分享机制建设。

(五)全面推进农产品全程追溯管理能力建设,逆转农产品市场劣币驱逐良币的市场机制

全面推进"三品一标"农产品基地建设和认证工作;加强检验检测能力建设;完成质量全程追溯管理体系,确保农产品市场信用,为好产品卖得好价格提供依据,重构农产品使用价值、价值与价格关系回归市场经济运行规则。

(六)加快推进现代山地特色高效农业与第二、三产业融合发展

围绕全市"一区两群"协调发展,科学划分各个板块农业功能定位,因地制宜确定发展重点,着力构建三大特色农业带。建设主城都市区高效现代农业带,注重发挥农业生态供给及休闲功能,重点发展以高端农业、精品农业、景观农业、会展农业、休闲农业为主的现代都市农业。建设渝东北立体特色农业带,依托山地不同气候特点,综合资源禀赋、产业基础等因素,壮大山、林、水中经济,错位发展现代特色效益农业,构建以增绿与增收相结合的产业体系。建设渝东南高山特色农业带,重点发展烟叶等山地特色农业产业,推进特色农业示范基地建设。

(七)推进农业电子税务增值税发票改革

在重庆市先行先试农业电子税普通发票的基础上,学习贵州、四川、河北等

省市的农业生产组织全面免税政策、农业经纪环节税收减免政策,并启动实施农业电子税增税发票能力建设,为全国农产品交易聚集重庆,成就重庆全国农产品交易结算中心创造机遇。

(八)推进农业农村部农业数字金融创新工程建设

2021年10月,农业农村部确认重庆城口县为全国数字金融创新工程试验基地。农业数字金融是农业数字总部经济建设和运营的引领工程,农业供应链交易管理工程建设和运营也为农业数字金融信用数据采集提供条件。

(九)落实农产品出村进城的渠道管理工程

以酉阳县4 000个社区零售门店的配送为大数据赋能,确保门店盈利的管理工程基础上,叠加农产品出村进城增值服务,建立定制农产品出村进城第一公里的服务通道。

第四章　区域主导推进农产品统一大市场运行,引领人才、资本、技术等经济要素聚集农业

——以重庆为例

　　推进农产品统一大市场运行,引领人才、资本、技术等经济要素聚集农业,全年推进农业现代化转型发展基本思路是重庆市农产品统一大市场建设中,以市场需求数据集成为关键,以农产品供应链现代化管理工程为支撑,实施农产品产需对接,反向定制系统管理,实现农业经济数字总部经济运转,实现经济要素全面转入乡村振兴主战场。实施要点,一是建立重庆市农产品产需对接供应链管理工程。二是采集3 000亿元重庆市全年农业产品及农产品加工品需求数据和全面论证重庆市具有本地生产技术、经济可行性的1 800亿元农产品的产品品类、总量、经济价值。三是全面论证供应链管理工程运行的经济效益总量、结构和供应链各个环节参与者的分享机制和制度,确保农民及农业新型经营组织参与共享与分享。四是通过农业供应链数字总部经济运行,一方面建立全面的市场经济运行机制,确保经济要素参与农业市场经营中的体制与制度有效;另一方面挖掘农产品供应链数字资产价值,提升传统经济要素参与农业经济运行的有效性。

一、经济要素向农业配置面临的主要问题

　　农业经济运行中的不完全市场经济制度和小农经济向大生产跨越中的困

难，造成了传统农业经济运行中人才、资本、技术等要素不进入甚至退出的严重现象。具体来看，经济要素进入农业面临以下问题：

（1）农业市场经济运行制度有欠缺，农业经营效率与效益差，制约经济要素向农业配置。

一是农业全面免税制度不彻底。2006 年全国范围内取消农业税，实施"全面免税"制度。其直接意义是减轻农户农业生产税赋；衍生意义在于他们不再因为农业土地占有的纳税任务（按照土地面积实物纳税或现金纳税）而局限在农业土地上，推进了农户从离土不离乡到长期进入城市的重大转变，为重庆 800 万名农民及其供养人口获得经济发展和共享城市文明机遇。但是回首农村，发现农业在小生产与大市场对应过程中，农业经营主体大多数不是工商主体和税务主体，在营改增的市场经济运行环境下，农业产业供应链增值税专用发票"不能、不愿、不准、需要"四个问题和农产品流通领域减、免、偷、漏、高税情况这两种现象并存，让增值税专用发票实际实现率只有 20% 左右，导致农产品采购难问题，衍生出销售难问题，农业经营效益差，严重阻碍经济要素进入农村。

二是农产品质量全程追溯运行机制不完善。农业生产过程中实施"三品一标"管理，但是无法提供供应链后续环节全程追溯，导致农业生产中的产品标准管理制度被空置。产生的后果一方面是食品安全问题，另一方面是农产品使用价值不能被确认，农产品生产投入的价值就得不到确认，农产品价格就按照最低成本进行确定，好产品不能卖得好价格，形成农业良币驱逐劣币的经济逻辑，严重阻碍经济要素进入农业。

三是农业生产环节与供应链后端和经济要素市场存在法制鸿沟。农业经济的法制环境与供应链后端的现代生产服务市场和要素市场的法制环境存在鸿沟。农业经济组织的多元化，农业生产领域的《中华人民共和国农村集体经济组织法》与供应链后端商贸环节、现代服务、经济要素市场所在的《中华人民共和国公司法》环境存在二元制度差异；农业经济运行中的"三权"与经济要素结合中的复杂性增强，让经济要素与农业经济配置中不可控程度加大。

四是小农生产经营很难达到一年四季多产品间作轮种并完成销售的状态，外出农民难以回归土地。近年来重庆农村新型经营主体不断发展，但是总体还在起步阶段，分散小规模经营还占农业经营的主要成分。按照农民经营收入预期调查，农民意愿务农的基本要求在 5 000~8 000 元/（亩·年），户均耕地 10 亩左右。据测算，如果不实现土地间作轮种，一般农产品收入达到 5 000~8 000 元/（亩·年）不具有普遍性和现实性；面对庞大而多环节的农产品供应市场，要农户间作轮种，规模化多种产品并完成与产品市场对接销售工作难度较大。

五是农村新型集体经济发展总体还比较弱。近年来，特别是精准脱贫以来，通过农村集体资产产权制度改革及"三变"改革，行政村经营性资产有所增长，但农村经营性资产总量仍然较小，集体经济的发展起点低。2019 年重庆市农村集体资产总额 1 089 亿元，其中经营性资产 121 亿元，占比仅为 11.1%，不到全国平均水平的 1/4；与江苏农村集体资产规模超 4 000 亿元，经营性资产占比超 50% 比较相差更远；居全市第一的渝北区村均经营性收入 185.6 万元比江苏村均低近 20 万元；全市集体经济年收入 10 万元以上的村占比为 21%，而浙江、江苏均已达 100%。集体经济"空壳村"尚未完全消除。

（2）农业内部要素市场存在制度性缺陷。

一是农村土地养老制度与农业劳动力市场化配置资源的要求存在矛盾。农村养老制度下，老人务农是为个人生存，而农村劳动力及就业是为上养老、下抚小、个人生存和发展的多重需要，因此老人养老务农的劳动力价格与农业劳动力就业价格存在明显差异，在农村 60 岁以上人口养老就业人口数量占据农村劳动力总量的 50% 以上的环境下，严重干扰农业劳动力就业市场价格，并挤走农业劳动力。

二是农业生产的自然属性决定了农业低工资。农业劳动季节性与市场对农产品成本核算中按照工时计价办法和农村老人土地养老劳动工资定价规则，决定了农产品低价格定价，农业企业难以生存；农业就业收入低于非农产业就业收入，农民因此背井离乡。

三是农业联产承包经营及免除土地使用税收制度，原意是惠及农民，但是在供需博弈中成为产品成本中排除土地流转费的基础。一方面在市场对农产品价格竞争性挤压中，没有土地收益部分，农民无法获得土地资源价值收益；另一方面龙头企业或农业合作社等新经营主体在土地流转规模使用中，市场通过农民土地零成本自营与土地流转经营竞争性关系，挤压到土地流转成本不被认可的程度，让农业投资远离市场。同时，重庆山地地区，农业土地集中规模化经营的难度大，在成长到规模经营过程中就被山东、云南等大宗农产品产地市场遏制。

四是农村金融服务等现代服务只间接服务农业农村。在农业投资经营效果不明显、农村经营主体小散、农村经营主体财务管理不太规范的环境下，伴随着农村劳动力离开农村，农村金融等现代服务业逐步脱离农业。他们主要基于农业政策性担保制度，依托政府政策性担保服务，间接服务农业。

五是农业技术要素市场化配置存在重大障碍。农村技术要素配置主要是公共政策资源性配置，通过公共技术研发和普遍性利用作为农业技术研发和推广的主要路径。农业技术市场配置因为知识产权保护弱、农业技术复制推广门槛低等问题，严重制约农业技术要素市场化配置。

二、推动经济要素与农业市场性配置的总体思路

把解决好"三农"问题作为全党工作重中之重，依据《中华人民共和国宪法》农村集体经济所有体制规定，以农业社会化大生产兼顾家庭农场发展为主要方向，以把控重庆1 200亿元农产品及农产品加工品消费需求为出发点，全面构建反向定制农产品的农业数字总部经济管理工程，以供应链运行效益和数据资产挖掘和分享为动力，建立有效调度传统生产要素向农业快速配置的利益机制和现代化运行机制。

三、建立经济要素市场进入农业经济的实施重点及路径

为全面打造重庆农业数字总部经济建设,开启工程建设组织工作,建立经济要素进入农业利益机制和现代化运转的能力。

（一）全面把控重庆农产品消费市场

一是组织市场通过重庆市商务局,按照批发市场、大型商超、社区农贸、社区超市、餐饮配送、机构食堂几个主要市场渠道细分,全面采集单品细分的农产品按照时间年度、季度、月度各类产品消费计划,整合 60% 以上市场大数据,预测全市农产品消费大数据。

二是严格遵守市场经济原则,开展本地生产可行性论证工作。组织供应链各个参与方开展市场论证,确认各个主要单品重庆本地生产的技术经济可行性,准确拿出重庆市本地供应各主要农产品数量计划。

（二）深度优化《重庆市农业区划和规划》

在渝遂高速公路沿线时令蔬菜、高山蔬菜、三峡库区加工蔬菜三大产区,结合大农业生产地区和"371+X"体系,开展《农业区划和规划》。区划和规划中确保因地制宜间作轮种和综合收入达到 6 000 元/亩以上,让农业劳动力和农业现代化运行的各类人才能够回到农业生产中来。

（三）建立农业数字总部经济管理工程运行生态

一是建立四维结构管理工程,承载现代农业经营体系。

维度 1:"互联网+"现代农业工程,互联网、物联网、大数据与实体经济融合

技术体系。

维度2：农业供应链交易体系（经营体系）。包括农业生产、农业产品产地批发、农产品仓储物流分拣（或加工）、农产品市场配送、农产品终端市场销售几个基本环节。供应链各个小闭环交易，各个环节之间数据互联互通，支撑农产品实物数据、交易价值数据、质量等信息数据"三流合一"，全程闭环。

维度3：现代生产服务体系（经营体系）。与供应链交易体系各个小闭环互联互通，精准配置的结算、金融、担保、保险、仓储、物流、电子税务、质量标准、检验检测、质量全程追溯等现代服务。其中重点打造统一大市场运转中的数据自查挖掘，金融、投资、担保、保险等要素市场与农业供应链的数据互联互通，以及现代化运行的环境。

维度4：公共管理智慧服务大厅。供产品供应链各个环节、各项现代服务功能模块与相应的政府公共行政大厅互联互通，确保政府公共管理智慧行政。

二是基于三大农产品生产区域，建立农业数字总部经济管理工程，建立现代农业生产体系。建立村、镇、区县、区域、全域多层级多产品统一大市场管理工程。重点为各个产品运营提供共享现代生产服务体系、为各个行政单元发展本地农业提供决策数据支持。

三是基于1 200亿元产品市场细分，分别建立特色产业集群数字总部经济管理工程。建立各个特色产业集群独立的数字总部经济管理工程的同时，为各个特色产业集群提供大数据中台和业务中台，建立各个产业集群共享现代服务生态。

四是组织各个维度的农业数字总部经济管理工程运营。组织现代生产服务进入农业数字总部经济管理工程，全面构建农业现代化生态环境；由各个区县农业农村管理部门组织生产单位根据市场需求，按照订单约定组织生产；商务部门组织客商全面上线业务，完成数字贸易转换；各个公共管理部门按照环节接口，数据互联互通，智慧行政。

（四）推进农业现代生产组织机制建设

以城口县农业生产组织体系模式为模板，开展农业经济制度改革。

一是搭建以县域为单元，集中服务的组织机构，统领县域农业现代化发展中的所有市场资源配置。包括集中全县农业集体经济资产，组织资产信用聚集，并推进农业产业集群发展的资金组织；配套全县农产品仓储物流分拣配送资源精准配置到农业生产基地；配套技物服务资源，为农业生产提供有效服务……

二是建立以镇乡为单元的农业生产组织体系。一方面建立以乡镇为单元的农业资产管理和农业经营管理平台组织，确保农业集体经济股份制度改革到位和新经济主体建设中的三权变革；另一方面以资产或业务为纽带，组织农业生产体系与经营体系有机整合；同时推进农业生产组织或农户参与到农业供应链后端的价值分享机制建设。

（五）全面推进农产品全程追溯管理能力建设，逆转农产品市场劣币驱逐良币的市场机制

全面推进"三品一标"农产品基地建设和认证工作；加强检验检测能力建设；完成质量全程追溯管理体系，确保农产品市场信用，为好产品卖得好价格提供依据，重构农产品使用价值、价值与价格关系回归市场经济运行规则。

（六）推进农业电子税务增值税发票改革

在重庆市先行先试农业电子税普通发票的基础上，学习贵州、四川、河北等省市的农业生产组织全面免税政策、农业经纪环节税收减免政策，并启动实施农业电子税增税发票能力建设，为全国农产品交易聚集重庆，成就重庆全国农产品交易结算中心创造机遇。

（七）推进农业农村部农业数字金融创新工程建设

2021年10月，农业农村部确认重庆城口县为全国数字金融创新工程试验基地。农业数字金融是农业数字总部经济建设和运营的引领工程，农业供应链交易管理工程建设和运营也为农业数字金融信用数据采集提供条件。

第五章　农产品质量全程追溯管理与现代农业产业生态再造

农产品非标准管理导致农产品质量信用丧失,造成安全标准农产品的成本信用和价格信用相继丧失,农产品定价机制进入"劣币驱逐良币"的恶性环境中。农产品标准管理必须满足全程追溯管理要求,农产品质量信息从田间到餐桌按照流程不断加载质量信息并闭环运营,就必须建立一个产业链垂直闭环的管理系统。这个系统要求质量管理服务过程的完整性、质量信息流的封闭性、各个环节启动时间的精准协同性、各个环节管理制度的统一性、各个环节互联网物联网管理技术的兼容性、各个环节管理数据的标准化。

质量信息传输管理系统,一方面保障了农产品全程追溯管理,另一方面可以成为共享管理信息传输渠道。通过加载农业产业链的价值信息和实物信息,保障现代农业的垂直闭环运营,支持农业现代生产与现代服务的一体化运行,建立农业全产业链公平交易的契约关系和行为准则,降低交易成本下降,全面提升产业各个环节各个组织内在关系的根治性,带来行业性及区域性农业总部经济。农业从传统分散小农经济向互联网经济、总部经济、现代农业经济综合发展转换,以此重构农业信用(包括农产品品质信用、成本信用、价格信用),逆转农产品生态补偿机制和价格形成机制,拉动农业生产组织化和规模化。因此,农产品全程追溯管理是重构中国现代农业生态的重要抓手。

反过来,互联网农业经济、农业产业总部经济、现代农业经济综合发展是农产品质量安全运行的重要支撑。只有农产品质量全程追溯管理承载于农产品商业运行的过程系统中,才可能保障质量信息获取的场景建设并可持续发展。

因此,农产品质量全程追溯管理与农业产业生态再造是互生共赢的关系;农产品质量全程追溯管理具有相对独立性,同时又是现代农业运行的子系统,具有核心价值。

一、农产品质量全程追溯管理政策与理论综述

(一)农产品质量全程追溯管理政策综述

2010年,《中华人民共和国农产品质量安全法》的出台标志着中国的农产品质量由非标准时代向标准时代的转换。2015年12月30日,国务院办公厅发布的《关于加快推进重要产品追溯体系建设的意见》是为了加快应用现代信息技术建设重要产品追溯体系而制定的法规。2016年3月1日起施行《食用农产品市场销售质量安全监督管理办法》。2016年5月,农业部等八部委颁布《"互联网+"现代农业三年行动实施方案》,要求建设质量安全追溯平台,加强出口农产品质量安全示范区与互联网深度融合,强化上下游追溯体系业务协作协同和信息共建共享,形成全国一盘棋的农产品质量安全追溯体系。

在2010—2017年的农产品质量管理体系建设中,我们举全国之力推进农产品安全法律、制度、标准建设、管理组织建设、组织职能建设。2017年,国务院办公厅印发《关于进一步促进农产品加工发展的意见》,目标到2020年,农产品加工转换率达到68%,2025年达到75%。其中蕴含两个战略方向:一是中国农产品从田间到餐桌要求全程可追溯标准管理;二是中国农产品在生产端接收农业部门"三品一标"管理,在离开田间后尽可能大比例进入食品加工产业的标准管理体系。其结果是,一方面保障了农产品安全,另一方面提高了农业效益,中国农业进入现代化发展阶段。

（二）农产品质量全程追溯管理理论综述

1996 年,世界卫生组织将食品安全界定为对食品按照原定用途进行制作、食用时会使消费者健康受到损害的一种担保。在我们看来,农产品安全包括两个方面的含义:一是安全生产,即生产过程中是否安全;二是农产品是否保障健康或对健康无害。农产品安全的外延包含三个层次:一是数量安全、质量安全、结构安全;二是研究来源安全、过程安全、结果安全;三是分配安全、价格安全、时空安全。

从全国关于农产品安全理论的研究来看,研究农产品生产流程各环节质量管理问题的学者,主要研究了农产品生产中的安全问题、农产品运输和销售中的安全问题、农产品加工中的安全问题、农产品质量监督的公共管理问题;研究农产品安全问题成因的学者,主要研究了产地污染和农业生产资料使用问题,生产主体责任制度缺陷,政府监管机制和运营机制缺陷,食品安全法律和技术方面的缺陷,食品安全从生产到餐桌的全程监管机制缺陷,地方利益、行业利益和社会公共利益矛盾等;研究解决方案的学者普遍认为解决对策包括改善农产品生产环境、保障原料的质量、对农产品生产主体进行培训和激励、给予补贴、完善政府监管、发挥宣传作用;从质量全程追溯管理及农业产业生态重构关系角度研究的相对较少。

二、农产品质量全程追溯管理对现代农业产业生态重构的价值

（一）农业经济发展面临的问题

中国农业生产组织化程度相对低、农产品质量管理体系不健全、农业生产

者远离消费市场、优秀农业劳动力流失严重,带来农业产业信用降低、价格形成机制扭曲、农业生产与市场需求信息严重不对称,以致农业生产要素逐步退出农业、农业与其他行业发展效益差距增大、农村居民经济收入与城市居民收入差距大,从而诱发我国的粮食安全问题及食品安全问题。具体表现在:

(1)信息不对称导致运营管理效率低,"三农"利益得不到保护。

农产品消费需求与生产供给信息不对称,导致贫困地区农业生产的盲目性以及农业生产的个体分散性,使得农村金融、担保服务难以进入,生产端的抗风险性大大降低;同时在大宗农产品交易上增加了以贸易(非服务性)为主的中间渠道商,在需求为主的市场经济下,中间渠道商的贸易行为使得生产端的价格出现市场扭曲,生产企业缺乏定价权,因此生产端在以上因素的作用下,极易出现产品滞销,引发亏损。在农业生产不能获得足够收益的情况下,结合近年来我国的城市化进程,大量农村劳动力外流进入城市,一方面使得农产品消费需求量增大,另一方面也使得农产品生产供给减少,从而成为引发粮食安全问题的一大诱因。

(2)农产品质量管理体系未能闭环,导致产业质量信用低,安全农产品生产成本和土地生态保护成本得不到补偿。

在农产品市场上没有实施严格的标准管理,消费者缺乏认知标准产品和非标农产品的能力,安全农产品也缺乏市场信用,导致生产安全农产品的成本得不到认可及补偿。同样,在安全农产品信用缺失的环境下,生态农产品生产需要的生态保护成本得不到认可,那么也就无法测度地理标志安全特色农产品的价值并得到价值补偿。

在安全特色农产品成本得不到补偿的农产品定价环境中,农业尽可能提高产品,降低成本,因此大量且不安全的农药、化肥、农技被使用,导致食品安全问题。

(3)农业土地集体所有,规模化生产的土地流转成本和人工成本得不到足额补偿。

在农业土地归集体所有承包到户条件下,流转经营企业在总流转土地数量比例不足够的情况下,没有土地流转成本计入农产品价格中的话语权。

同时,在农村存在农民社会就业和自我就业两种就业机制下,社会就业农民与城市就业农民存在基本共同的工资定价机制,同时存在相对较困难的绩效考核和工资管理。但是,劳动力自我就业环境中,劳动力工资作价受到市场采购方竞争性挤压,季节性劳动、效率低、知识老化等因素进入劳动力定价机制中,使得农民自我就业劳动力工资低于社会就业劳动力工资。在没有社会就业的环境下,劳动力大量流失,引发粮食安全问题。

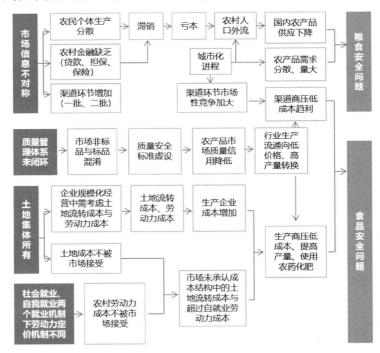

以上问题的存在,只有用互联网信息化管理工具,重新调度资源,优化资源配置,发展互联网农业总部经济,拉动农业体制与机制创新,促进农业现代化转化。

（二）质量追溯管理系统性构建的价值

1. 重构农业产品质量信用

通过完整的产业链上农产品质量追溯管理体系,从生产端—渠道端—消费端实现农产品质量安全信用信息的挖掘、完善、整合,以数据标准化和应用标准化为原则,及时传送农产品质量安全信用信息,提高农业生产经营主体的责任意识、诚信意识和自律意识,并发挥市场调控作用,提升农产品质量安全监管效能,不仅为农产品生产流通提供行业性自律准则,也为政府公共管理的切入提供可靠的大数据支持,从商业、政府各个层面为农产品质量信用体系保驾护航。

2. 重构农产品成本和价格信用

通过产业链垂直闭环运营管理,以订单式农业带动生产端不同区域、时节,不同品类农作物的合理种植、规模化生产,降低生产成本重复性投入,避免过剩、盲目生产,降低供给失衡。同时,以全产业链质量追溯体系为生产成本进行背书,向市场传递有效供给成本,针对不同消费群体划分农产品价格,通过大数据对不同区域的消费需求进行流通控制,减少流通成本,实现末端销售价格的稳定。最终从生产—流通环节实现农产品成本与价格信用的统一。

3. 重构农产品生态补偿机制

通过农产品质量溯源体系与产业链垂直闭环运营管理的深度融合,实现农产品生态补偿机制的市场化运作。依托产业链平台化运作结合溯源管理工具,对农产品的生态补偿与服务不断创新,在生产—流通中对产品与参与者实行进入许可机制,对农产品的生产、流通进行绿色认证,使生态补偿的服务商品化,并使这种服务收入用于生态补偿的资金来源,实现利用市场化手段为生态补偿进行转移支付的有效机制。

三、农产品质量全程追溯大数据专业平台建设

（一）质量全程追溯大数据平台定位

"互联网+现代农业"产业垂直闭环运营平台,在产业全流程运营中,承载着质量全程追溯大数据平台后台信息支持系统和前台作业系统,依据农业部门、商务部门、质量监督部门、食品药品监督对产业各个环节监管要求和管理内容进行全程追溯管理,分品类、分内容逐步实现可食农产品质量控制,推进农产品质量标准化体系的落地实施,重塑生态农产品价值,建立农产品生产企业、政府机构、商贸流通、终端销售、消费者多方的良性互动、信息同步、保障可食农产品安全。

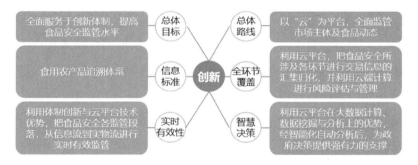

（二）质量全程追溯大数据平台的基本原则

质量全程追溯大数据平台服务以第三方角色,对政府监管、质量体系、生产责任主体、生产设备、原材料、生产方法和流程、生产产品环境、安全性检测等进行全面认证、审核和披露,具有公正性,改善农产品质量安全不信任的现状,推进农产品质量标准化体系的落地实施,建立农产品生产企业、政府机构、消费者多方的良性互动、信息同步,保障"舌尖上的安全",提高政府及农产品的社会公信力。

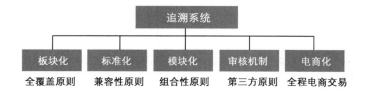

（三）质量全程追溯大数据平台系统战略架构

质量全程追溯大数据平台以云计算为基础,物联网为工具,电子商务交易和全程化追溯信息应用为中心,实现食用农产品安全的"来源可追溯、去向可查证、责任可追究"的全链覆盖、全程控制、全品类追溯,实现科学监管,促进追溯体系建设,创新监管模式,确保食品安全。

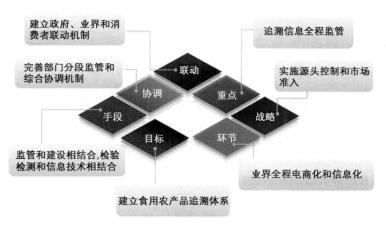

（1）流程统一、完整。实施智能化监管体制,建立互通互联、统一、高效的食用农产品安全监管体制,有效解决"多龙治水"问题。

（2）主体协同。建立科学系统的追溯体系,以追溯信息运营为核心,政府监管、企业自律、社会参与监督和第三方服务平台为辅的运行体系。

（3）在云计算、物联网、移动互联和大数据快速发展的环境下,构建食品安全分级、分段监管信息互联、互通解决方案。在监管区域内（以市级为例）,通过建立统一、规范、权威的城市食品追溯云平台,以食品追溯数据中心、指挥中心、

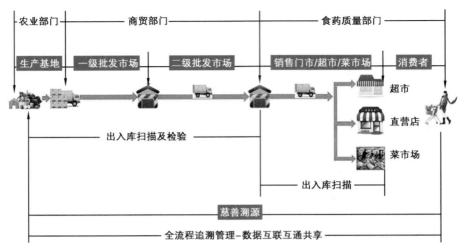

运维监管中心、信息服务中心为基础保障,建立覆盖全区农业生产、食品加工、流通、消费和进出口等各环节经营主体的全程食品安全追溯体系,实现追溯数据物联网采集、跨部门数据对接、分布式+集中式存储管理、数据应用挖掘、官方二维码认证、权威信息发布和公众便捷查询等功能,帮助市场监督管理等部门提升区域内食品安全监管执法效率、应急处置能力和社会公信力。

(四)质量全程追溯大数据平台运行机制

1.追溯体系公共服务平台与服务流程相适应的组织结构

建立国家、省(自治区、直辖市)两级服务平台。国家级平台是质量追溯数据管理中心,省级平台是质量追溯管理运营中心。省级平台包括以下四大管理运营系统:

(1)省级食用农产品追溯管理平台

按照统一的技术标准和接口,汇集各个城市食用农产品生产、流通、终端的追溯信息,形成互联互通、协调运作的追溯管理工作体系。

　　整个省级食用农产品追溯管理平台应用架构由顶层中央追溯管理平台监控,以省级追溯云平台为基础的全国统一接口规范,其中包括食品安全信息追溯和农产品质量安全追溯两大平台。中层以应用层 SaaS 系统和现有城市追溯平台升级方案为基础,底层设计由基础层及数据层来提供数据至 PaaS 食品安全追溯云平台。

　　平台主要承担信息存储、在线查询、统计分析、协同监管等功能。

　　(2)城市食用农产品电子商务交易平台

　　按照统一的技术标准和接口,建设双网批发市场(产地批发市场和同城批发市场),实现食用农产品商贸流通环节的各个参与主体交易电商化,形成互联互通、无缝链接的电子商务交易体系。

　　平台主要承担信息存储、在线查询、统计分析、第三方资金结算、订单管理、物流信息等功能。

　　(3)终端商户查询与监管平台

　　按照统一的技术标准和接口,建设终端商户二维码查询平台,汇集终端商户采购食用农产品生产、流通、交易的追溯信息,形成互联互通、公众查询的追溯体系,市场监督管理局对终端商户实行后台管理和监督工作。

　　平台主要承担信息存储、在线查询、统计分析、过程监管、问题发现等功能。

（4）省级农产品追溯信息管理平台

按照统一的技术标准和接口，利用物联网技术，建设食用农产品生产追溯管理平台、汇集生产端的生产、加工、包装、检验检测等追溯信息，形成互联互通、物联网后台管控的追溯体系。农委对生产企业实行政策引导管理和监督工作；商委对商贸流通领域的企业实行管理和监督（末端检验）工作。

平台主要承担信息存储、在线查询、统计分析、过程监管、追溯信息录入等功能。

2. 质量全程追溯大数据平台运营流程

（1）商业流程图

基于"互联网+现代农业"垂直闭环运营服务体系，搭建县域农产品公共运销运营平台，成立双网批发市场+农产品溯源体系。通过互联网技术实现工业品下行、农产品上行的食品溯源信息交互交易平台，成为连接城乡产品流通的桥梁。

利用云端技术、商城交易和溯源查询系统，导入政府食品安全管理职能与餐饮企业取得了极强的黏性关系，服务餐饮供应链管理这个痛点，协助配送商完成管理升级，帮助配送商轻松运营管理配送业务。

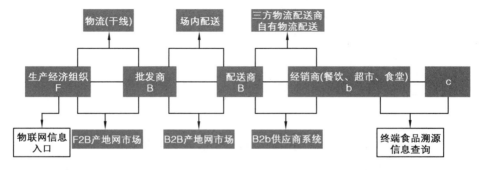

商业路径　　　　　　　　　　F2B2b双网批市场+溯源体系

（2）追溯作业流程图

从前端生产环节的种植信息收集、检验检疫环节监控，到加工环节数据录入、流通环节信息采集,最后消费环节市场监管,实现重要产品从种植养殖到餐桌的全程追溯。

3. 质量全程追溯大数据平台运营参与主体

供应方:产地村级经济组织(合作社)、生产基地、食品加工企业。

中间环节:批发商、配送商。

终端商户:餐饮商户、超市商户、食堂。

物流运输:干线公共物流、三方物流。

三方服务平台:

运营公司(管理平台):电商交易平台、追溯查询平台、O2O运营中心。

政府:市场监督管理局、商委、农委。

4. 最终架构

质量全程追溯大数据平台是信息发展在云计算、物联网、移动互联和大数据快速发展的环境下,为种植养殖、生产、流通、消费以及相关委办局部门,将重要产品分段分级监管,信息实现互联互通。最终形成涵盖政府监管、企业管理、第三方审核监管以及消费者查询四大子平台。

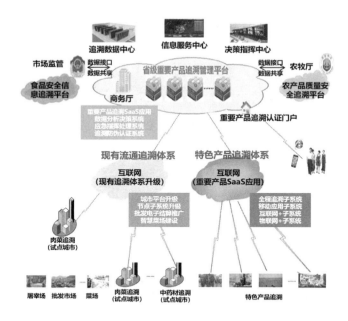

（五）质量全程追溯大数据平台的行业管理

1. 生产端品控追溯管理

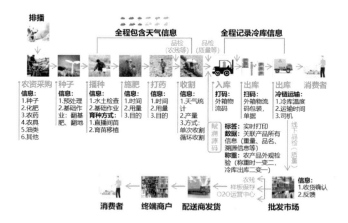

2. 平台中端检验管理

农产品执行一箱一码,将送检的农产品和二维码编号(包括农产品的产地、批发商、生产等信息)一起送到O2O运营中心检验;O2O运营中心检验人员根据检验设备检验农产品农药残留,检验合格后匹配二维码编号和检验信息录入追溯平台数据库,以便查询和调取。

3.质量全程追溯大数据平台中端的经销商及物流管理

商贸物流扫码:在食用农产品商贸及物流环节中,全程用扫码枪扫描农产品二维码,记录所有的交易行为和物流行为,以二维码编号为核心,录入追溯平台数据库,以便查询和调取。

4.质量全程追溯大数据平台终端查询管理

对医院、学校、企事业单位、宾馆、团体组织、其他公众餐饮机构餐饮部、社会餐饮企业、超市实施制度性终端查询服务建设。

(六)结语

质量全程追溯大数据平台是要建立基于同一大市场生态环境下,标准农产品从生产到终端消费全过程的质量追溯管理体系。包括建立标准管理制度;建立检验检测管理制度;建立农业、商贸物流、质量监督、食品药品监督四个部门统一质量监管运行机制和数据标准;建立食用农产品可溯源的(医院、学校等)强制消费制度、(餐饮等)引导消费制度、(商超等)自由选择消费制度体系;建立食用农产品违约处罚制度。

1.建立生产端质量追溯公共管理系统

由农委牵头指导县域农业产业化发展,在食用农产品追溯体系建设中做好生产端物联网的信息入口、农产品上行县域集散中心的基础设施建设,"三品一标"和优质农产品认证工作。与工程试验平台的追溯体系对接,打通农产品上行的渠道。

2.建立商贸服务端质量公共管理系统

由商务管理部门牵头指导农产品交易环节的农产品批发市场和农产品零售市场,在食用农产品追溯体系建设中做好中间流通环节的流通追溯和交易电商化、保障农产品上行的渠道畅通设施建设。与工程试验平台的追溯体系对接,打通农产品上行的中间交易渠道。

3. 建立消费端质量监管系统

由市场监督管理部门管理指导终端商户建立食用农产品追溯体系,在食用农产品追溯体系建设中做好终端商户的信息查询出口、终端商户的消费者查询设施设备建设,农产品检验检测的监督工作。与工程试验平台的追溯体系对接,打通农产品终端查询渠道。

4. 实现质量全程追溯大数据共享

各级政府部门之间实现信息数据开放共享,支持当地农业互联网建设和大数据共享平台。通过技术手段,形成覆盖农业大数据采集、加工、存储、处理、分析等全信息链,实现农业生产、加工、销售、物流等方面的数据共享,为"互联网+"在各级区域应用发展和扩张复制打下坚实的基础。

策略篇

第六章　全国农产品统一大市场建设方略

《中共中央　国务院关于加快建设全国统一大市场的意见》是纲领性、指导性文件,我们要在全国统一大市场建设战略要求下,全面落实建设全国农产品统一大市场任务。

一、"全国农产品统一大市场"的生态体系建设总体方案

《意见》明确"加快建立全国统一的市场制度规则,打破地方保护和市场分割,打通制约经济循环的关键堵点,促进商品要素资源在更大范围内畅通流动,加快建设高效规范、公平竞争、充分开放的全国统一大市场,全面推动我国市场由大到强转变,为建设高标准市场体系、构建高水平社会主义市场经济体制提供坚强支撑"的基本内涵。要实现全国统一大市场建设,务必通过"互联网+"产业平台,使用信息化技术,让产业生产数据互联互通,并建立全面系统的生态体系,精准匹配与产业供应链高质量运行的生产要素资源、服务资源和公共管理。因此,按行业细分的全国农产品统一大市场建设工程,本质上是按照行业细分的农业数字总部经济建设工程。

（1）供应链管理生态系统。

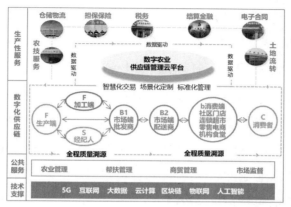

这是一个五维系统,即农业产业供应链交易管理系统(供应链价值系统)、农业产品质量全程追溯系统(供应链实物信息系统)、农业现代生产服务系统、农业相关公共系统、多级节点[云、省(自治区、直辖市)、市(州、盟)、区(县)、乡(镇)、村]技术管理系统。

核心:农业产业数字供应链管理云平台。

叠加:质量全程溯源和产业要素赋能服务。

拓展:政府公共监管的宽度与深度。

引领:数据流引领信息流、商品流、物流、票据流和资金流,"五流合一"。

（2）搭建"互联网+"按照行业、品类(产品、服务或技术)细分的供应链管理系统。

按照具体产业、行业、品类(或服务或技术)细分的场景,开展供应链梳理,确定"互联网+"产业供应链体系。

（3）通过互联网、物联网,按照同一行业、品类(产品、服务或技术)的供应链完成市场供应链数据互联。

要求互联网、物联网大数据支持建设产业互联网管理工程,实现产业供应链信息采集和传输的互联网、物联网基础设施的配置。包括对实物数据采集需求电子秤;对仓储物流数据采集的物联网、车联网设备和安全信息网络基础设施;质量标准、检验检测、质量全程追溯构成的质量安全体系需求的互联网、物联网设施;与交易、结算、金融服务相匹配的扫码枪、POS机、二维码等互联网、物联网基础设施;线下市场与线上融合需要的互联网、物联网新基建基础设施改造等,以升级流通网络、畅通信息交互、丰富平台功能,提高市场运行效率。

(4)行业、品类(产品或服务或技术)统一市场运行规则。

一是通过会员管理制度,形成统一的市场准入制度;二是建立统一的市场交易制度,形成市场基础制度规则统一;三是与知识产权和管理数据互联互通,完成统一的产权保护制度和保护能力,促进知识产权推广利用;四是建立智能的集采制度、竞价制度、性价比较制度,形成统一的公平竞争制度;五是建立交易主体的社会信用和经济信用大数据评估制度,形成行业细分领域统一的社会信用评价制度,为行业、企业要素资源匹配和政府公共资源匹配建立决策信息基础;六是全国统一大市场中的会员管理开放,打破地方保护和市场分割。

(5)行业、品类(产品、服务或技术)统一产品质量标准体系,形成商品和服务市场高水平统一。

建立质量全程追溯管理体系,包括建立产品名称标准、产品质量标准、产品生产标准、产品检验检测体系、产品全程追溯管理体系,并与公共监督和管理数据互联互通,完成质量全程追溯并监管,确保产品质量安全和建立产品以质论价和维护好产品卖得好价格的市场经济原则。

(6)行业、品类(产品、服务或技术)供应链接入对应公共管理,实现推进市场监管公平统一。

通过全国大市场运行数据与公共管理互联互通,实现市场监管公平统一和行业大数据预测监管,对保障市场供应、预测经济发展趋势、应对各种应急状态、提升政府在诚信体系建设、电子税务、检验检测、质量标准、反垄断、反倾销、反欺诈等各个方面公共管理统一和公平的公共监管能力建设。

(7)行业、品类(产品、服务或技术)共配统一的要素市场和资源市场。

在产业互联网大数据支撑下,形成各种要素市场的决策支持信息,并将要素市场服务模块接入,形成智能化决策,实现以行业为单元的统一的要素和资源市场建设,推动建立健全统一的土地市场、劳动力市场、资本市场、技术和数据市场、能源市场、生态环境市场。

(8)行业、品类(产品、服务或技术)共配现代服务,形成统一且智慧化的服务体系。

通过以产业(行业、品类)供应链交易体系闭环的大市场建设,形成大数据采集、分析和服务应用路由器,将所有相关联的现代服务机构(如物流、仓储、结算、金融、担保、保险、保理、质量追溯、电子鉴证、人才等服务机构)进行数据传输,竞争性、针对性地获取行业统一、高效的现代服务。

(9)行业、品类(产品、服务或技术)统一市场大数据管理,达到产需平衡,以稳定物价、保障供应。

通过统一大市场完成需求数据采集,拉动供应链有计划生产和要素资源精准匹配,达到基本平衡,并实现大数据支持下的一般状态和应急状态的库存保障,也因为供需大数据平衡,物价得以稳定。

(10)行业、品类(产品、服务或技术)统一市场,达到产业生产要素精准匹配和公平分享。

通过行业细分领域的统一大市场建设运营的一体化,完成供应链实物管理与财务管理数据互联互通,在后台大数据安全管理下,实施定制农业,支持资金、人才、技术等要素投入决策。阻止工业、农业生产环节因为资金周转相对商贸环节慢、技术风险大而造成的供应链上下游生产要素利益分享极不公平的弊端。

(11)建立统一大市场运营机制(小米模式),构建产业高质量发展的产业环境。

在产业互联网管理工程支持下,以行业、品类为单元的全国农产品统一大市场运行,支持新技术新产品的定制和预售机制建设,有能力对新技术新产品的市场需求进行精准调查,获得供应链所有要素投入产出评价决策信息,拉动产品与技术创新,推进产业、行业、品类高质量发展。

(12)构建产业经济环境的法治体系。

在产业互联网大数据运行环境下的统一大市场建设后台,将所有经济合约标准化、保证金方式实现违约处罚保障、纠纷处理智能化,并与线下沟通相结合,推进经济领域法治化建设。

(13)全国农产品统一大市场建设是产业内外循环管理工程的基础。

以行业、品类细分的全国农产品统一大市场建设条件下,进行数据聚合分析处理,形成以区(县)、省(直辖市、自治区)、全国云为单元的统一大数据管理,完成经济内外循环管理工程建设。

(14)建立全国农产品统一大市场,推进全国统一大市场。

在产业互联网大数据运行环境下以行业、品类为单元的统一大市场运行,形成数字贸易,完成供应链结算、金融,建立行业数字经济运行基础,实现行业、品类运行中的流动资金占用大幅度高比例转换为数据资产,降低企业流动资金占用、大幅度降低企业之间的应收应付占用,推进供应链企业高效运转。

(15)准确提出与全国农产品大市场建设相适应的供应链改革需求。

在全国农产品统一大市场建设中,供应链所有运行环境和要素资源匹配能力、方式产生巨大变化,为各行各业供应链改革提出精准需求,让各级政府、各个部门有能力在公共管理中准确应答。

二、"全国农产品统一大市场"建设方略

(一)全国农产品统一大市场建设组织方略

1.市场组织方略

全国农产品统一大市场建设中,以京东、淘宝为终端消费市场的建设运营

（消费互联网）发展阶段已经完成,已进入行业细分、供应链垂直闭环（产业互联网）的发展阶段,因此全国农产品统一大市场是按照细分领域展开的。同时,因为各个行业运行场景完全不同,如果行业不细分,建设产业互联网统一大市场是不具有可行性的。

2. 全国农产品统一大市场运营方略

全国农产品统一大市场是行业的线上市场,一方面是线上线下的融合组织创新,另一方面也是公共设施,因此统一大市场建设与运营应该由政府主导。包括建设全国农产品统一大市场建设主体、运营主体,应该是政府组织平台公司、行业协会、头部企业共同参与打造。

3. 全国农产品统一大市场建设要根据场景寻找支点

（1）要根据不同的行业业务场景和资源场景,从生产头部企业（供应链前端）、行业批发市场（供应链中端）、行业配送市场（供应链终端）起步建设行业为单元的全国农产品统一大市场。

（2）全国农产品统一大市场建设一定要建立各级政府能够参与建设的对节点管理体系,建立供应链闭环、区域在行政层级的市场网络体系并汇集成共享开放的统一大市场。

（二）全国农产品统一大市场划分

1. 按照行业、品类划分

建设全国农产品统一大市场不是全国一个市场,是按照产业、行业、品类细分的全国农产品统一大市场。按照国民经济分类,全国农产品六大品类,若干个细分行业、若干（商品）SKU 的全国农产品统一大市场。

2. 按照行政单元或区域单元等级划分

按照每个产业的属性,细分行业、品类的产品或服务全国大市场建设,基于国民经济管理需要,建立全国云、省（自治区、直辖市）、市（州、盟）、区（县）、乡

（镇）、经济主体的多级市场形成的立体网络化全国市场，而非扁平的全国市场。

3. 按照供应链交易流程划分

产品、服务或技术供应链是多环节闭环运行的。在传统业务体系下，每个环节通过交易进行产权交割向下游传递，资金流、质量信息流、实物数据流三流数据在不同场景下断裂。建立产业、行业、品类或服务大市场，就要求针对业务场景的特殊性将产品（服务或技术）供应链各个细分市场环节进行拆分管理和各个环节交易市场数据闭环管理，完成产品供应链资金流、质量信息流、实物数据流"三流合一"闭环运行，并延伸出物流、票据流，形成"五流合一"。

4. 按照与产品供应链相匹配的现代生产服务内容划分

按照不同产业、行业、品类（产品、服务或技术）供应链闭环的运行需求，精准匹配结算、金融、担保、保险、质量标准、检验检测、质量追溯、云仓、物流、大数据管理、大数据应用、电子鉴证、信用管理、品牌管理、人才培训等系列服务，并与供应链交易市场数据互联互通。

5. 按照与产品供应链环节相对应的公共管理流程划分

按照不同产业、行业、品类（产品、服务或技术）的供应链不同而对应的公共管理部门不同。如农业供应链要对应农业管理部门、质量监督管理部门、市场贸易管理部门等核心部门，延伸到其他相关部门；工业要对应经济和信息化管理部门、市场监管部门、市场商贸管理部门等核心部门，延伸到其他相关部门。

6. 按照市场管理的层级划分

（1）行业内统一的企业内部 SaaS 系统。主要管理企业内部及其上下游关联客户，如企业内部及企业供应链上下游之间市场经济活动数据管理。在 SaaS 系统与企业内部的统计管理系统和财务管理系统打通的情况下，企业与外部经济活动交流、政府对企业内部管理和服务起到基础性作用。

（2）头部企业的供应链交易市场。基于或不基于 SaaS 系统环境下，为头部企业上下游产业集群提供共享的大数据中心和业务中台，形成局部开放的供应链服务生态,将因为服务市场的全国性或区域性而形成全国性或区域性统一大市场。

（3）全国性农业产业、行业、品类的供应链交易市场。为产业、行业、品类（产品、服务或技术）上下游产业集群提供共享的大数据中心和业务中台,形成局部开放的供应链服务生态。将因为产业、行业、品类（产品、服务或技术）服务市场的范围和技术的立体网络架构而任意扩张。

7. 按照市场业态划分

按照市场业态,供应链存在线上线下一体化的批发、配送、零售（电商平台零售、线下门店电子下单、社团营销、直播带货）等多种业态,并不断创新。

三、农产品全国统一大市场建设架构

农产品全国统一大市场是一个三维系统,包括区域之间可聚合、可分享的分级管理服务系统,多板块的业务服务系统,农业产业链质量、数量、价值流转并结算的服务系统。三维运营系统支持互联网农业总部经济垂直闭环运营体系,云、区（县）、村三级互联网管理体系,实施农业产业链各个环节运营体系,质量监督的公共（农业、质量、商贸、食药监）管理体系。

（一）互联网、物联网大数据技术支持系统

建立"互联网+移动终端"管理运营系统,实现任何时间、任何地点、以任何方式获取并处理信息的需求,这是人的信息输入的重要端口。

建立"互联网+物联网"管理运营系统,按约定协议将某一单位（区域内农业）的产品质量、数量、价值进行信息编码并输入全域物联网系统,从而实现各相关物品的信息链接和融通,这是物的信息输入的重要端口。

建立云计算服务功能,即通过网络将分散的资源（包括计算与存储、应用运

行平台、软件等）集中起来形成共享的资源池，并以动态按需和可度量的方式向用户提供服务，是信息转换的重要方式，可以与信息及分布式价值创造等输入端口有效融合。

建立结算中心，即建立供应链闭环的计算支付体系。

（二）建立云、省（自治区、直辖市）、市（州、盟）、区（县）、乡（镇）、村多级网络经济承载组织体系（根据需要开展数据管理）

引入互联网平台资源整合服务运营平台，支撑云、省（自治区、直辖市）、市（州、盟）、区（县）、乡（镇）、村多级运营平台架构的统一大市场的网络工程，借助点、线、面的立体网络，实现纵横交错的生态用户在线化、数据化、追溯化。通过工业品下乡进村和农产品上行进城"双向流通"，实现特色农产品生产智能控制、质量全程溯源、在线检测检验、平台化交易和政府实施监督管理。

1. 建设村级平台（全国统一大市场的末端节点）

采购"互联网+农产品"供应链村运营系统方案。由村委会、村民、运营平台共同构建的公司化法人组织。村级平台职责为承接农村商超、便民服务、政务信息传播、农资进村、农技服务、社会慈善服务执行、扶贫项目实施、信息进村入户、农业生产组织、农业生产物联网建设、农产品质量追溯、农产品组织与销售、农村"最后一公里"物流配送、银行存取转账等功能。在未建点行政村，建立"互联网+统一大市场"村级平台的服务点。

2. 建设县级平台（全国农产品统一大市场的中坚力量）

由县级政府平台公司或组建混合所有制企业，投资建立"互联网+统一大市场"县运营公司。县域平台的职责：承接县域内政策及行政资源的匹配、公共物流资源整合调度、县域内村级平台的业务指导、农产品上行渠道资源开辟（农超、社区商超、机关、学校、医院、食堂对口消费帮扶，县域农贸批发市场……）、农产品质量检测检验、农产品全流程质量追溯监控管理等功能。

3. 建设省（自治区、直辖市）平台（全国农产品统一大市场的基本单元）

一方面要打破地方壁垒，统一市场运行规则；另一方面基于每个省市独立的产业体系，需要政策的个性化配置，实施以省为单元的农业管理，因此建立省（自治区、直辖市）的运营层级。

省（自治区、直辖市）平台的职责：统一农产品的供应链结算银行、担保和保险服务、供应链金融服务、地区农业政策……形成农产品统一大市场的运行生态，并纵向接受国家对地方政策壁垒监管，横向向各个相关部门传递数据；在统一"互联网+产业供应链"管理系统下完成省（自治区、直辖市）农产品供应链贸易数字化的同时，建立以省（自治区、直辖市）为单元的 B2B 批发市场，完成以省（自治区、直辖市）为单元农产品保供向省（自治区、直辖市）以外市场进行农产品交换的大数据管理。

4. 全国共享云平台（全国农产品统一大市场终极目标）

共享云平台。建立全国统一的大数据中台和需要国家统一服务的业务中台平台，并向各个相关部门开放接口。

（三）建立现代农业运营的技术平台

共享云平台承载的"互联网+现代农业"垂直闭环运营体系，云、省（自治区、直辖市）、市（州、盟）、区（县）、乡（镇）、村多级互联网管理体系，农业产业链各个环节运营体系，质量监督的公共（农业、质量、商贸、食药监）管理体系构成的三维运营系统，实物流、价值流多位一体的后台管理技术支持系统。

（四）建立农产品安全信用运营系统

1. 建立县特色农产品质量标准管理体系

在特色产品遴选基础上，建立产品标准；实施农产品市场入口端（生产环节）和出口端（终端市场）检验检测；建立特色农产品全程追溯二维码管理；为农业、质量监督、商贸、食品药品监督等各个部门提供质量管理作业场景和数据接口，保障农产品运营各个环节公共管理的共享数据。

2. 完善公共质量管理协同机制

在"互联网+现代农业"运营产业垂直闭环运行产业链运营中，实施生产、商贸、消费各个环节实施质量全程追溯管理的同时，建立农业、商贸、质监、食药监四个部门统一协调的数据标准和四个部门的协同管理机制。

3. 建立以消费端食用农产品质量安全需求为动力的质量全程追溯促进政策

学习成都市食用农产品安全需求引导政策模式，建立政策性促进食用农产品安全机制示范工程，实施县城机构食堂、餐饮店、酒店、学校、医院的食材可追溯管理制度试点工程。

（五）建立农业产业链垂直闭环运营系统

1. 建立公共物流体系，解决"最后一公里"难题

（1）完善现代基础设施建设和物流服务体系。以中心镇和县城为单元，建立农产品、农业生产资料、农村生活资料仓储物流中转基地；给予现代物流仓储服务支持政策，尽快完成传统自营仓储物流向现代商贸物流转换。

（2）构建县域公共物流配送信息调度服务平台。共享云平台以"互联网+"构建符合县域高效率、低成本、多层次的现代化第三方县域公共物流配送信息调度服务平台。建立与县域资源对接的以"货运公交"为核心的定时、定点、定线路、定班次、定人的"五定"共同配送货运方案，实现资源共享，为需求商家和配送企业提供快捷、准确、安全、高效的物流信息服务，县域内全面实现"今日需、今日送、今日达"的服务要求，加快物流流通速度。同时匹配农产品产地集配中心、公共仓储配送中心、日用品批发配送中心、高速路物流中心、快递物流分拨中心。

2.完善县域农产品上行的共享市场渠道

（1）建立村级服务平台的农产品规模化、标准化生产的组织与指挥能力；建立村级服务平台的农产品集中、分拣（及加工）、包装、物流、结算服务能力。

（2）在村平台建立农特产品专区。

（3）建立县域特色农产品O2O体验、批发中心。

（4）共享云平台微商销售服务功能。

（5）共享云平台线上F2B/B2B/F2C后台支持系统、城市端社区商超线上一键分销专区渠道、城市端网格化安全农特产品O2O体验（及销售、配送）渠道、城市各大批发市场O2O体验中心渠道。

3.共享云平台农资下行集采服务市场

共享云平台与各大农资供应商的集采协议，减少农资供应中间环节、降低农资供应成本、保证农资质量、降低农资价格、确保仓储物流配送管理现代化。

4.共享云平台农业生产现代服务系统

共享云平台结算、大数据管理、供应链金融、物流信息管理等现代服务系统功能和政策性及非政策性担保、商业模式、管理方案。

5.共享云平台的增值服务

（1）共享云平台的工业品下行区域性集采协议。

（2）共享云平台的电信服务区域性集采协议。

（3）共享云平台的代购协议。

（4）共享云平台的物流联盟区域性服务协议及相应技术服务。

（5）共享云平台的区域性金融存取及转账协议。

（6）共享云平台的统一结算协议。

（7）共享云平台的全国性票务代理、水电气代收协议。

（六）实现全国农产品统一大市场

1. 独立区域内部的互联网农业总部经济

（1）每个行政单元，可以在云、区（县）、村三级网络中，收获区域互联网农业总部经济收益。主要包括大数据资产价值实现收益，供应链结算金融担保保险服务收益分享，为政府、社会提供市场性配置公共资源的渠道所获得的服务分享；承载社会对农村提供共享互联网平台所获得的分享。

（2）每个行政单元都在互联网农业总部经济运行中，收获本区域农业产品生产中的供产销经营收益。

2. 获取跨区域农业经济资源聚合收益

主要是通过互联网信息化管理工具，跨区域管理农产品全产业链闭环运行的数据，完成互联网经济延长产业链和跨越空间运营的职能，实现互联网农业总部经济属性。

3. 建立大数据云计算基地

在互联网农业总部经济运行中，实现数据挖掘、指挥、调度和管理应用。其中主要支持农产品质量全程追溯管理、建立农业的行业信用、支持总部经济的质量价值品牌运营、支持终端市场农业订单管理带来的行业生产区划和规划调度指挥、满足供应链金融和担保的征信需求、满足供应链仓储物流管理数据服务需求、满足供应链投资决策信息服务需求。

4. 建立产业财务中心功能

通过供应链结算、担保、保险、金融、投资服务，完善互联网农业总部经济财务管理中心职能。

第七章　农产品统一大市场运行环境下的供给侧结构性改革需求实录

随着互联网、物联网大数据人工智能与实体经济不断融合,产业供应链管理工程实践和"互联网+"产业总部经济管理工程实践长驱直入,广泛突破传统的产业平台经济发展机理。全面揭示互联网、物联网大数据环境下产业供应链所有环节内部聚合,上下游之间数据互联网,产业现代生产与现代服务数据互联、智慧服务,产业生态重构、全国统一大市场建设机理,为全国统一大市场运行提出技术创新与政策、制度全面系统改革、创新需求。

一、全国农产品统一大市场视角下的中国"三农"问题

改革开放后,中国的土地集体所有分户经营、农村土地养老制度、农产品供应链非标准运行制度是中国工农业剪刀差制度的变异,实质性地造成了中国"三农"问题。

(1)中国农村土地所有制度分户经营的组织制度缺陷。

《中华人民共和国宪法》规定,农村土地集体所有是我国为了维护农村社会稳定的重大社会制度。在改革开放后实施联产承包责任制度,随着农业经济的发展,表现农业难以适应社会大生产的若干问题。下面从平台经济管理视角提出几个问题:

①规模太小、组织化程度太低,导致生产代销环节出现。

在平台管理工程视角多出一个中间环节,这个环节是贸易环节还是生产延伸,是纳税还是不纳税,在平台经济管理工程中必须明确代销环节的角色,并为去掉这个角色提供管理支持。

②《中华人民共和国农民专业合作社法》与《中华人民共和国公司法》制度环境分离,造成系列矛盾。

一是农业生产组织单元中的农户和合作社,不参加税务管理,而不是经营组织免税管理,与供应链后端营改增税务制度形成冲突。平台经济管理工程中税务部门代开电子税票的信用数据采集成为全国农产品统一大市场的关键环节。它涉及农业产品销售能否在部分场景中去掉经纪人的环节。二是农村农户、合作经济组织、股份合作经济组织与法人组织的法制体系分离,将影响平台经济管理工程中供应链的合约及其纠纷仲裁机制的问题。这些问题在平台经济架构设计中必须要有解决方案。

③农村包产到户承包责任制度下的农村分户经营,严重干扰了现代农业大生产定价机制。

在平台经济运行视角下,农业大生产组织的成本定价机制与农户经营的竞价机制存在制度性差异,在平台经济运行中,需要实现供给侧结构性改革,实现集中生产与分散生产中的制度一致。

(2)农产品质量非标准管理制度摧毁了农业产品的信用机制和价格机制,形成了农业劣币驱逐良币的市场经济逻辑。

中国农产品质量标准管理严重缺失是中国农产品品牌发展被制约、信用机制缺失、价格机制被破坏的罪魁祸首。具体表现在:中国农业生产端"三品一标"质量管理被荒废。中国农业实施"三品一标"管理有足够的管理组织保障、制度保障、流程保障。但是中国农产品销售环节太多,同时在供应链过程中存在统货、分拣、加工等管理环节,产品数量、信息传输路径随时断裂,质量全程追溯管理存在难度。导致农产品标准倾向数量标准和价格标准,即个子大、色彩好看、价格低。为了达到这两个标准,农业大规模运用转基因技术、增红素、增添素、保鲜剂、劣质农药等,进一步威胁了农产品安全。平台经济运行中产品质量全程追溯不仅要有技术基础,还要有政策和制度辅助。

（3）农村劳动力定价机制受到城市非农产业和农村土地养老的变相就业人口劳动定价双重干扰,农业劳动力面临短缺危机。

农村老人以土地养老制度为根本的养老保障制度,让农村老人成为农业劳动力的组成部分。养老保障费用是以老人个人生存费用为基础定价,与劳动力个人生存与发展（教育培训等）+赡养老人+抚养子女的费用总和比较,土地养老费用与劳动力工资定价水平存在重大差距。但因为农村自我养老,使农村老年劳动力比例巨大,对农业产品生产中的劳动力定价形成严重干扰;城市非农产业提前发展,工资收入水平高,以至于劳动力被挤压出农业劳动力市场,以至于当前西部地区农村劳动力平均年龄接近70岁,而且没有足够的老人后续跟进,农业面临巨大的劳动力短缺危机。

二、全国农产品统一大市场逆转农业制度问题并高效运转的工程架构以及运行机理

农业产品分生蔬、水产、水果、家禽家畜、干副、粮油六个品类。尽管供应链系统都基本一致,但是每个品类的作业场景完全不同,即作业流程不同、参与角色不同、定价机制不同、交易场景不同、配送方式不同……互联网、物联网大数据管理工程（"互联网+现代农业"）要根据场景首先进行场景再现,并提供支持按照农业现代化的成长目标进行顶层设计,落实传统农业供应链（生产及流通）运行生态系统性修正的内容、结构、流程、机制与制度、动能。

（一）农业产业互联网的内容架构

1.建立三级网络架构体系

农业产业互联网是互联网、物联网大数据人工智能与实体经济的融合过

程,既要满足农业经济供应链公共管理数据需求,也要满足各个地区对农业经济的管理数据需求;既要完成多品类的分类管理,也要完成产业整合大数据管理;既要支持现代农业生产的智慧管理,也要整合现代结算、金融、农资、农技、工商、税务、质量标准及运行监督、仓储、物流、分拣加工等现代服务无缝连接,因此需建立多级、多模块网络性架构体系。

2. 建立农业产业三维生态系统

农业产业三维生态系统构建需要颠覆性思维,跨越消费互联网时代,建立包括产业供应链生产销售管理系统、生产销售供应链服务系统和公共管理系统。

(1)产业生产销售系统在实施供应链电子商务转化的同时,为去中间环节提供技术支持。包括 F(生产)2S(服务)2B(一级批发)2B(二级批发或配送)2b(终端销售),我们把它命名为复合交易系统或供应链交易系统。这个交易服务系统首先要满足现有的业务逻辑和业务场景,是产业链上每个环节的智慧管理工具和上下游沟通、交易的服务工具。在供应链智慧管理工具上,为他们提供成长的能力,让他们现有业务提高效率、节约成本;让他们逐步有能力去替代上游服务环节或变贸易为服务;让有的场景可以小闭环运行,也可以让大商家完成自己的供应链管理;也支持任何商家穿越业务流程环节,定制上游服务。

(2)为完成产业生产销售服务系统运行,提供根治性的现代生产服务。包括结算、金融、担保、保险、法务、仓储、物流、质量标准、质量检验检测、品牌营销、分拣、加工、包装、工商、税务等系列现代服务。同时,也需要模拟场景,提前配套这些现代服务能力。

(二)产业互联网运行机理

1. 用互联网工具梳理每个环节的角色

(1)犹如建立农会的模式,开发农业生产的 App 端和 PC 端工具,建立农业所有组织上线运行的能力和条件。

（2）为政府开放数据接口，建立政府公共管理在产业互联网中数据采集、分析、使用的能力。开发农业生产的 App 端和 PC 端工具，建立政府公共管理在互联网采集数据的能力和使用数据的互联网大数据管理环境。

（3）犹如建立供应商联盟的模式，开发农业生产的 App 端和 PC 端工具，支持批发商、配送商等所有经营组织具有服务生产、完成交易的能力和条件。

2. 推动角色上线

（1）商业逻辑和政策力量推动客户上线。产业互联网不能按照消费互联网地推模式，而是要具有整体上线的制度逻辑和商业逻辑。每个品类、不同产品、不同地区、企业及其产品整体上线的商业逻辑和运行机理要精准可靠。过程中政府作为产业平台系统的一个角色，也具有强大的推动能力。

（2）用互联网工具给客户赋能，引导客户上线。从企业进销存管理优化、客户金融服务信用支持、工作效率提升等方面向客户赋能，促进客户上线。

（3）生产单位全体聚合、客户单位按角色聚合、政府公共资源聚合，形成共享机制和市场服务资源配套环境，吸引客户上线。

3. 质量全程追溯管理

完成全程追溯管理体系。包括产品质量标准建设、企业质量管理能力认证、产品质量检验检测、质量信息传输、质量信息追溯、质量问题处罚等管理机制与管理能力，解决农产品质量信用和价格信用问题。

4. 定价机制

在质量信用管理制度环境下，完成订单管理，实现生产技物服务、产品销售一体化管理，同时确立双方认可的生产劳动力工资、土地收益、种子化肥农药等原物料及设施的投资收益。

5. 完成农业工资制度改革

主要通过农村经济组织体制改革和农村养老制度改革，吸引农业产业工人的发展,让老人逐步退出劳动力市场,并形成与非农产业接轨的工资制度。

(三)产业互联网运行绩效评估

通过重庆冻品汇最初单品工程试验。数据表明,在重庆市凤爪原有业务逻辑和业态基本不变的情况下,8 000万元销售收入,1 000万元流动资金、800万元毛利的业务在互联网智慧管理环境下,8 000万元销售收入,250万元流动资金,1 000万元流动资金。实践中证明,在供应链过程中,数据管理带来的收益达到800万元。由此可见,农业平台经济对农业经济管理的效率和效益的价值所在。在政府支持的互联网平台上运行,实现良好的价格机制、共享机制和分享机制,保障农业产业发展有序。

三、全国农产品统一大市场技术创新及平台经济运行农业综合配套改革需求实录

平台经济科学运转,首先是要平台经济管理工程技术创新;其次是要为了维护平台经济科学启动运行开展农业综合配套改革。在全国农产品统一大市场全真试验中技术创新和综合配套改革需求记录如下:

(一)开展全国农产品统一大市场技术创新

农业平台经济建设逻辑是农业在"互联网+"环境下的总部经济建设逻辑。

1. 构建全国统一大市场运营技术支持体系

强化地方财政资金支持力度,努力争取中央财政支持,集中力量支持农业大数据关键核心技术攻关、农业产业供应链体系构建、重大应用示范和公共服务平台建设等。

构建"互联网+现代农业"技术平台,用"互联网+"作为管理工具,实施农业

产业供应链管理,实现农业产业互联网的技术支持,完成传统农业现代化转换的组织创新建设和农业产业现代管理技术工具建设。

（1）全国农产品统一大市场顶层设计研究。

（2）设立"互联网+现代农业"重大专项,大专院校、科研院所和产业互联网企业联合推进"全国农产品统一大市场"平台建设。

（3）关键核心技术产品研发。

2. 确立全国农产品统一大市场的组织建设

相关部门和各个地区以本地批发市场为总部基地,实现线上线下交易、线上线下仓储物流、支付结算、担保保险、金融、农产品物流中心仓、通过式物流加工分拨仓、农产品分拣加工中心、大数据中心、产品 O2O 体验展销。

（二）推动全国农产品统一大市场运行

1. 以农产品交易服务需求引导供应链服务进入产业生态系统

以标准化、组织化、适度规模化的市场需求和商业契约关系有效配置和粘连供应链服务资源。

（1）技术支持农业供应链现代服务加入农业产业互联网体系。（科委）

（2）政策支持金融、结算、担保、保险等现代金融与非金融服务进入农业产业互联网体系。

（3）政府引导并鼓励社会资本建立农业产业互联网建设和农业产业供应链建设的专项产业基金。

（4）政策鼓励与支持客商参与一级市场 B2B 交易、专业批发 B2B 交易、冷链冻品 B2B 交易,实现信息、数据采集的在线化。

2. 支持推进农产品批发 B2B 在线交易

以"互联网+现代农业"全产业链（F2B2B2b)复合交易技术平台为载体,省市农业行业龙头企业、各大行业协会参与,推进农产品 B2B 在线交易。

（1）推进国有控股、参股的一级批发市场智慧管理。为改善批发市场的现代化服务环境，并为市场"F2B2B2b 复合交易"提供信息化管理基础，实施市场智慧管理重点工程。

（2）政策性鼓励和支持批发市场客户上线交易。推进批发市场客商用"互联网+"管理工具完成交易行为，实现 B2B 交易在线化。

3. 鼓励与支持农业供应链金融及拓宽金融服务渠道

（1）支持金融机构的网络金融结算和金融服务能力建设。鼓励金融机构参与"互联网+现代农业"全产业链（F2B2B2b）复合交易系统结算工具的研发。包括支持涉农银行开展农业供应链综合结算服务与金融服务试点；用科技专项支持涉农银行开发与农业供应链复合交易相匹配的结算工具；制定农产品复合交易结算金融的鼓励政策。

（2）支持订单式农产品全产业链政策性保险服务。除持续推进农业保险扩面、增品、提标，开发满足新型农业经营主体需求的保险产品外，支持"以奖代补"方式，依据"互联网+现代农业"复合交易平台大数据，对订单式农产品实行自动的生产自然灾害保险、质量保险、订单交易保险等。

以生猪保险服务模式为例，通过打通养殖产业链条上各市场主体，研发的生猪养殖链金融产品和服务，采用与合作方共同分享保险经纪工作经费、贷款贴息、税收减免、返利等方式作为主要收入来源，实现农户、饲料供应商、保险公司和贷款机构多赢模式。不仅推动了保险的普及率，而且推动了保险的销售，更为后续延伸信贷产品打开了市场，此种模式对规模化的生产基地给予更多的资金支持和信用引导，提供更多的综合金融服务，助推其做大规模，形成集约化、规模化经营，有利于实现国家对农业产业现代化的政策要求。

（3）政策性担保机构扩大服务范围。鼓励政策性农业担保机构依据批发交易、采购订单交易、仓单等数据开展农产品交易环节的政策性"以奖代补"方式的担保，从而促进担保与金融服务资源在农产品交易环节的配置。

①政策性农业担保机构全面开展订单农业生产主体的订单结算和融资担

保业务。

②政策性农业担保机构根据供应链结算大数据或上游配送商订单,开展农产品采购商订单结算和融资担保业务。

③政策性农业担保机构根据供应链结算大数据或上游终端(学校、医院、商超、大型国有企业)消费订单,开展农产品配送商订单结算和融资担保业务。

④政策性担保机构与"互联网+现代农业"复合交易平台的合作对接。

(4)拓宽财政、金融服务方式。支持符合条件的涉农企业上市融资、发行债券、兼并重组。在健全风险阻断机制前提下,完善财政与金融支农协作模式;鼓励金融机构发行"三农"专项金融债。金融办通过政策扩大银行与保险公司合作,发展保证保险贷款产品。

(5)发展期货市场。支持在订单农业基础上,深入推进农产品期货、期权市场建设,积极引导涉农企业为规避期货、期权市场风险,参与"保险+期货"试点。

4. 鼓励创新仓储物流服务模式

(1)制定《全国农产品公共商贸物流体系建设意见》。

(2)加大促进农产品冷链物流发展的力度。

①制定《发展冷链物流业助推农业产业供应链现代服务三年行动方案(2021—2025 年)》。

②建立农产品冷链物流大数据信息平台。运用大数据手段,将生产、加工、流通数据资源有效整合,建立集信息发布、全程温控、车辆跟踪、货物查询等功能于一体的冷链物流大数据平台。技术政策和平台建设政策鼓励建立农产品冷链物流服务专业系统,F2B2B2b 复合交易系统中内化链接冷链仓储物流服务专业系统。

③支持 EPC 模式构建冷链物流基础设施。全面试点和推广 EPC 模式下的冷链仓储物流园区建设和区域冷链仓储工程,包括工程建设技术标准、工程建设规划、工程建设及设备安装、工程运营技术培训、工程运营等。支持研发和推广新的制冷剂技术应用,淘汰传统落后的以氨、二氧化碳为制冷剂的制冷技术;

全面推广高效节能环保的冷藏设备应用。制定农业全产业链冷链物流建设规划。

④健全冷链物流标准和运营服务规范体系。以国家冷链物流相关标准为依据,鼓励冷链物流企业和科研机构参与冷链物流标准的研究与制定,健全适合冷链物流的标准体系。开展冷链质量安全监管溯源体系建设,实现食品溯源、质量安全、监控监管等与冷链建设融合发展。系统梳理和修订完善现行冷链物流各类标准,抓紧制定实施一批强制性标准。针对重要管理环节研究建立冷链物流服务管理规范。

⑤提升冷链物流信息化水平。一是实施冷链设备运营信息数据监管;二是实施冷链物流园区的智慧管理;三是实施冷链物流园区的冷链服务和冻品交易在线化。

⑥加快自有国际领先的冷链物流技术装备研发及应用,发挥设备温控技术优势和节能技术优势。

⑦政府引导社会资本设立产业发展基金等多种方式参与冷链仓投资建设。

5. 全力支持农业大数据产业发展

(1)建立大数据标准体系,研究制定有关大数据的基础标准、技术标准、应用标准和管理标准等。加快建立政府信息采集、存储、公开、共享、使用、质量保障和安全管理的技术标准,引导建立企业间信息共享交换的标准规范。

(2)运用大数据服务。通过数据挖掘,服务支持银行、证券、信托、融资租赁、担保、保险等专业服务机构和行业协会、商会运用大数据更加便捷高效地为农业供应链提供服务,支持农业发展。

(3)支持和推动涉农金融机构基于农业大数据开发金融新产品,实现金融、保险、担保在农业产业供应链上的深度融合。

(4)政策支持所有公共部门采购农业产业互联网信息及大数据服务,对农业供应链实施公共资源精准公开透明有效配置。

（5）开展农业大数据分析、政策咨询服务。

（三）实施农业供给侧公共管理服务职能转变

1. 健全统一的农产品质量全程追溯管理体系

农业供应链相关部门协同，全面介入农产品质量全程溯源管理过程，强化质量安全监管，建立完善产品检验检测体系，搭建质量安全追溯平台，实现质量安全监管全覆盖，保驾护航农产品安全、农产品价格机制变革和农业产业信用机制建设。完善标准化体系建设，制（修）订地方标准，鼓励企业制定企业标准，组织开展农业标准化生产基地认定工作。支持引导经营主体申报"三品一标"认证。包括完善农产品"三品一标"认证管理制度；加速推进农产品"三品一标"认证管理工作；完善原有"三品一标"农产品监督检查；建立"三品一标"质量溯源的能力。强化在生产、仓储物流配送、批发零售、公共餐饮等环节加强质量抽查管理监督工作；建立各个环节的质量溯源物联网设施和信息管理能力，保障安全农产品全程溯源能力。

（1）数据一体化。建立统一、互联互通的数据指标体系和数据标准，实现一类产品、一个标准、一个清单、一次认证、一个标识的体系整合。如实施一户（农户、互助组、合作社、龙头企业）一码，对农村公司化平台服务组织给予生产质量追溯打码设备、扫码机、二维码耗材费用补贴。

（2）实施统一的标准农产品评价标准清单和认证目录。统一发布标准农产品标识、标准清单和认证目录，依据标准清单中的标准组织开展标准农产品认证。组织相关方对有关国家标准、行业标准、团体标准等进行评估，适时纳入标准农产品评价标准清单。建立标准农产品认证目录的定期评估机制，避免重复评价。

（3）公共管理共享数据履行监督管理职能。农业产业互联网运营大数据全面向政府部门开放数据接口。公共管理部门通过开放的实时数据，实施公共监管,并通过实时的运营数据实施公共管理和服务。

(4)实施农产品质量管理体系建设。农业部门负责坚持质量兴农,实施农业标准化战略,突出优质、安全、绿色导向,健全农产品质量和食品安全标准体系。即支持新型农业经营主体申请"三品一标"认证,推进农产品商标注册便利化,强化品牌保护;引导企业争取国际有机农产品认证。

(5)实施农产品生产质量监管。农业部门切实加强产地环境保护和源头治理,推行农业良好生产规范,推广生产记录台账制度,严格执行农业生产资料、各种要素在农业全产业链中的使用规定;政府有关部门深入开展农兽药残留超标特别是养殖业滥用抗生素治理,严厉打击违禁超限量使用农兽药、非法添加和超范围超限量使用食品添加剂等行为。健全农产品质量和食品安全监管体制,强化风险分级管理和属地责任,加大抽检监测力度。

(6)鼓励与支持流通溯源管理和流通追溯技术研发。

(7)实施消费溯源管理和促进安全农产品消费。推进安全农产品消费鼓励政策和监督制度建设,推动"互联网+现代农业"全产业链(F2B2B2b)复合交易+农产品质量全程溯源管理系统启动运行;分人群逐步实施食材质量全程溯源管理政策,逐步培育可界定的市场客户群体的安全农产品消费,启动县域、省域农业经济内循环工程。包括实施学校、医院等重点机构食材质量全程溯源管理政策;实施旅游等公共场所的饮食机构食材质量全程溯源管理政策;实施引导机构食堂、大众餐饮机构食材质量全程溯源鼓励政策。

(8)创新溯源管理机制。食品药品监督管理部门、扶贫管理部门、民政部门联合推进食材质量与贫困地区"双追溯"管理政策。一方面,发起消费者爱心;另一方面,数据信息支持精准扶贫,为财税部门提供精准扶贫数据。

(9)提升农业管理部门现有标准农产品认证技术能力和信息平台建设。农业管理部门建立健全标准农产品技术支撑体系,加强标准和合格评定能力建设,开展标准农产品认证检测机构能力评估和资质管理,提升标准农产品标准、认证、检测专业服务机构技术能力、工作质量和服务水平;建立统一的标准农产品信息平台,公开发布标准农产品相关政策法规、标准清单、规则程序、产品目录、实施机构、认证结果及采信状况等信息。

2. 实施农业交易税收管理制度改革

现行农业税收政策下积极推广网上办税服务和电子发票应用;在订单农业、大数据管理支持下的贫困地区农产品采购的税收减、免、返政策;全面落实农产品营销中营业税、增值税的灵活政策。

(1)优化票务管理。基于"互联网+现代农业"农业产业供应链的质量、实物、价值三位一体数据管理,针对发票开票主体、开票依据、开票审核流程等进行改革。推动农业市场(交易)大数据管理与网上办税服务和电子发票应用对接。

(2)精细化税务管理。推进"互联网+现代农业"全产业链(F2B2B2b)复合交易大数据支持下的农产品采购税收征收(免税农产品除外)与结算一体化改革。

(3)特别税收优惠。贫困地区农产品采购的税收减、免、返政策。

(4)数据共享与信息互通。"互联网+现代农业"平台大数据(农产品质量、来源地、是否贫困地区、产品数量、产品重量等)向税务管理开放,促进税务服务(如开票服务等)"前移",提升税务管理的科学化。

(5)全面落实农产品营销中营业税、增值税的灵活政策。增加政策的覆盖面、简化服务的流程、提升执行的效率。

3. 支持农产品价格监测体系和价格信息网络建设

监测、分析、预报市场农副产品价格动态和变化趋势,及时反映市场物价方面的重要情况和问题,并提出政策建议。

(1)研究安全农产品生产成本补偿机制改革。重点确立大宗、安全农产品生产成本管理体系,修缮农业生态补偿机制、土地使用收益机制、农业劳动力工资定价机制。

（2）确立地理标志产品价格成本管理体系和生态补偿定价原则。

（3）确立农业用地价格评价体系。

（4）物价部门会同审计、纪律监察、工会等部门联动监管机构消费农产品采购价格。

4. 支持农业经济体制改革创新

（1）农业规划与区划组织创新。充分利用市场需求大数据，开展以本地化、连作套种、生态化、经济化为原则的农业区划和规划，转换农业只能以产定销、产品单一、农业季节性就业等被动局面。

（2）建立集体经济制度下的公司化组织，为农业经济从小生产向大生产转化开放农村要素市场打开窗口。充分利用市场需求大数据，完成农业订单化农业的信息管理，优先安排农村集体经济组织、农民合作组织等作为参与主体，同时引导农村集体经济组织内部建设与市场对接的股份化、公司化服务组织，建立农业向外部生产要素和服务市场对接窗口，逐步推动农村集体经济向股份化改造。

（3）支持多种方式推进农业小生产向大生产的转型。

①建设现代农业产业园。

②三次产业融合发展，实现农业产品多元化和投资多元化，以促进农业组织变革。

（4）全面推进农村集体经济股份体制改革。

①全面开展农村集体资产清产核资。稳妥有序、由点及面推进农村集体经营性资产股份合作制改革，确认成员身份，量化经营性资产，保障农民集体资产权利。

②在订单农业、三次产业融合发展中鼓励地方开展资源变资产、资金变股金、农民变股东等改革，增强集体经济发展活力和实力。

5. 支持财政支农投入机制的创新

重点是依据农业大数据创新订单式农业产业供应链财政支农投入机制。

（1）完善农业补贴制度。在"互联网+现代农业"全产业链（F2B2B2b）复合交易大数据支持下确立对订单农业供应链实时、精准、有效的补贴制度。推进专项转移支付预算编制环节源头整合改革，探索实行"大专项+任务清单"管理方式，建立农业供应链补贴制度。按照订单供应链流程，制定安全农产品申报、农产品仓储物流运营、农产品仓储物流基础设施、农产品物流智慧化技术设施、农产品检验检测、农产品生产加工、农业生态补偿、农业综合补贴等所有环节系列化、闭环化的财政扶助政策。

（2）精准农产品销售补贴。在大数据订单农业和大数据管理支持下，对收购贫困地区农产品客单进行返税补贴和鼓励政策。

（3）加大订单农业装备、设施农业、加工流通贷款予以财政贴息支持。

（4）创新农业投资制度。鼓励地方政府和社会资本设立各类农业农村产业发展基金。

（5）优化农业财政投资效应。在大数据订单农业支持下，在农业区划规划中精准开展农业生产基础设施建设投入。

（6）对大型订单农业生产基地，加大金融扶持力度。运用多种货币政策工具，向金融机构提供长期、低成本的资金，用于支持农业生产基地开发；设立订单农业再贷款，争取中央财政补贴实行比支农再贷款更优惠的利率；确立国家开发银行和中国农业发展银行发行政策性金融债，按照微利或保本的原则发放长期贷款，并确立中央财政给予90%的贷款贴息；对订单农业项目，有稳定还款来源，允许采用过桥贷款方式，撬动信贷资金投入；支持农村信用社、村镇银行等金融机构为订单农户提供免抵押、免担保小额信贷，由财政按基础利率贴息。

（7）积极发展订单农业小额贷款保证保险，对农户保证保险保费予以补助。扩大农业保险覆盖面，争取通过中央财政"以奖代补"等支持山地特色农产品保险发展。

6. 加强对农业产业供应链大数据的安全管理

加强统计监测和数据加工服务。统计部门与平台运营数据中心对接，创新统计调查信息采集和挖掘分析技术,加强数据关联比对分析等加工服务,充分挖掘数据价值。根据宏观经济数据、产业发展动态、市场供需状况、质量管理状况等信息,充分运用大数据技术,改进农业运行监测预测和风险预警,及时向社会发布相关信息,合理引导市场预期。

7. 创建大众创业、万众创新新环境

(1)全面培养新农人。让新一代农民有知识有能力应对标准化、组织化、规模化开展农业生产的能力;让新一代农民有能力应对农业线上线下一体化运行的适应能力。

(2)建立农村法人组织建设的制度环境。给予农村合作经济组织和公司化组织建立、转换、注销的宽松环境。

(3)对运营农业生产服务业的企业给予税收优惠政策。

8. 统一认识

第四次工业革命的核心之一,就是用互联网信息化平台工具获取大数据,支持产业生态系统运行,并实时优化产业生态,由此转变经济增长方式,提升国民经济运行效率,创新农业发展新动能。"互联网+现代农业"平台经济管理工程是手段,农业综合配套改革是保障,平台经济是我国农业现代化发展的伟大机遇。

9. 做好项目督查

将农业产业互联网体系建设和总部经济运行项目纳入农业部门工作重点督查范围,成立督查组开展定期督查,强化项目建设事前、事中、事后管理,实施工作计划制度、工作报表制度、工作考核制度。有序推进项目建设进度,确保如期完成建设任务。

试验篇

第八章　四川开江全国油橄榄统一大市场建设方案

一、全国油橄榄产业痛点

　　全国油橄榄产业链覆盖种植、加工和销售。虽然生产基地超过 100 万亩，但油橄榄第一、二、三产业远没有达到融合运营，使得油橄榄的种植收益"动荡不稳"。数据显示:1 亩油橄榄收获 300 公斤鲜果,产值 2 400 元,扣除成本投入,净收入 1 000 元以上,这样的每亩收入对农村劳动力缺乏吸引力。油橄榄产业兴旺面临困局,同时油橄榄产业种植标准缺乏系统性的贯彻执行,产品质量高低不一,这源于市场法则的第一、二、三产业利益共享,缺乏有效的组织体系。

二、油橄榄产业生态

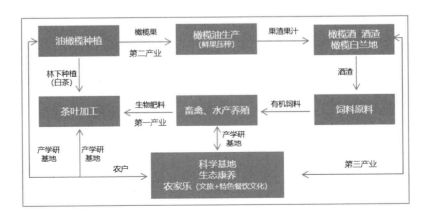

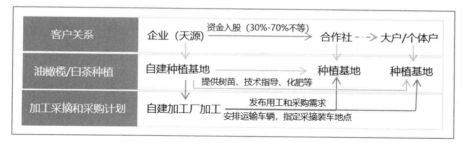

第一产业流程

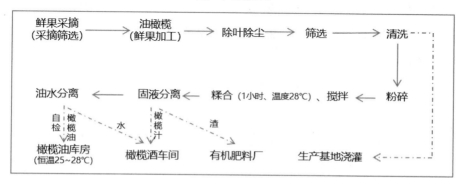

第二产业流程

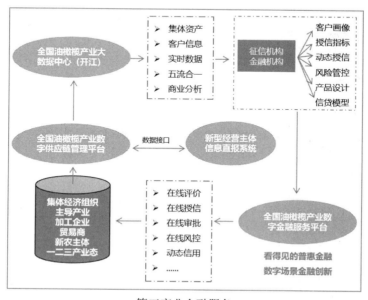

第三产业金融服务

三、开江全国油橄榄统一大市场建设概述

（一）油橄榄产业数字化目标

基于开江油橄榄产业具有完整的种、加、销产业链，特别是油橄榄产业技术标准在开江县的设立，开江通过油橄榄产业数字生态的建立，使全国油橄榄统一大市场建设成为可能。因此，油橄榄产业数字化目标是：

（1）构建全国油橄榄统一大市场。

（2）总部落户于开江全国油橄榄统一大市场运营基地。

（3）数字服务能力引领全国油橄榄产业高质量、有效率地发展。

（4）成为农业农村部唯一授予的"全国油橄榄产业大数据中心"和"全国油橄榄交易中心"。

（二）空间载体

以构建开江油橄榄产业基地为支点，通过聚集、聚合、创新、融合，形成重庆万州、达州、开州（万达开）主产区油橄榄产业供应链、西部主产区产业供应链、国际进口聚合等产品区和产业集群聚合的全国油橄榄统一大市场。

（三）服务对象

在开江"全国油橄榄统一大市场"项目建设过程中，形成的国家级、区域级、产业级、企业级的数字经济或中心或机构或平台或公司，以及围绕前述五个层级服务的机构和企业，全部落户开江全国油橄榄统一大市场。其意义不仅是统一大市场产业集群在产业基地物理空间的聚集，而且通过开江农业数字总部经济的政策鼓励引导、人才集聚、技术研发、投资吸引，将有力催化数字经济中的

数字产业化增长,形成开江县农业农村发展的新格局、新发展、新业态。

(四)全国油橄榄特色产业集群数字总部经济效应

开江"全国油橄榄统一大市场"项目建设过程中形成的产业要素赋能服务中心、产业大数据中心、通用功能公共服务平台、数字人才培训、数字技术研发与孵化等,可辐射服务万达开川渝统筹发展示范区,继而形成全国油橄榄特色产业集群服务的全国农产品统一大市场。如交易清分结算中心、数字供应链金融服务中心、电子税务服务中心等,完成油橄榄产业集群现代生产服务体系的"鸿蒙生态"体系建设。

四、项目顶层设计架构

开江"油橄榄产业集群统一大市场"项目的顶层设计为"1+1"架构。其中:

(一)第一个"1"

开江数字大脑,即开江县域数字经济大数据中心,包括开江数字乡村、农业生产、农产品商贸流通、农产品加工等供应链多环节闭环管理;叠加现代生产服务,包括结算、金融、担保、保险、仓储物流、分拣加工、质量标准、产品质量检验检测、质量全程追溯、电子税务、电子鉴证、品牌运营等现代生产服务主城的数据互联互通智慧运行农业产业生态系统;"金字塔"式的可视化指挥管理体系。

(二)第二个"1"

开江全国油橄榄统一大市场以规划的物理空间承载国家级、区域级、县域级、产业级、企业级和服务级六个层级的数据中心、数据平台、运营中心、运营管理云平台,形成开江油橄榄产业统一大市场数字总部经济发展的"核动力区",

形成聚集、聚合、创新和融合效应。

（三）全国油橄榄统一大市场建设总体思路

基于农业产业数字供应链管理云平台技术，以开江油橄榄产业数字化建设为核心，覆盖研发、投入、生产、加工、贸易、服务、监管等油橄榄产业应用场景，以种植 F 端、服务 S 端、加工 F 端、贸易 B 端、采购配送 B 端、终端消费市场 b 端、政府公共监管 G 端为主要服务对象，集成大数据、云计算、人工智能、区块链及网络（互联网、移动互联网、物联网）技术，将油橄榄产业链"产、销、管、服"各环节、各要素全部信息化、数字化、在线化与网络化管理和可视化表达；以市场化手段推动油橄榄产业链上第一、二、三产业业务流程及生产方式重组变革，进而形成新的产业协作、资源配置和价值创造体系，以实现全国油橄榄数字生态的构建。

实际运营中，通过全国油橄榄产业数字供应链管理云平台，以数据流引领信息流、商品流、物流、资金流、票据流，"五流合一"；增强全国油橄榄产业公共监管服务的宽度与深度；为金融、担保、保险、投资、电子税务、电子合同、土地流转、农资技物服务等现代生产服务资源与油橄榄产业的深度融合提供大数据应用场景，形成全国油橄榄产业链上下游和跨产业融合的数字化生态体系。

五、全国油橄榄统一大市场生态结构

基于开江"全国油橄榄统一大市场"的定位，以国家级、区域级、县域级、产业级、企业级和服务级六个层级的数据中心、数据平台、运营中心、运营管理云平台，形成开江县油橄榄产业集群数字总部经济发展的"核动力区"，形成聚集、聚合、创新和融合的总部经济效应。

（一）市场架构层级

开江县油橄榄全国统一大市场分为六个层级：

1. 国家级

基于开江油橄榄全国标准基地优势和种植、加工技术优势，建设全国性的油橄榄特色产业数字总部经济。

2. 区域级

基于税务、结算金融、政策性担保保险等属地化管理制度，开江数字经济发展将在万达开或四川省委两个区域范畴内开展市场组织。

3. 县域级

以县域为对象的数字经济中心和平台，如县域数字经济大数据中心、县域数字经济技术研发与产业化孵化中心、县域数字经济公共监管服务运营中心、县域数字经济清分结算及金融服务运营中心等。

4. 产业级

农业产业数字供应链管理云平台，同时按照特色产业集群分解运行。

5. 企业级

数据经济产业中具有代表性的互联网信息服务及大数据企业。

6. 服务级

为区域级、县域级、产业级、企业级提供各类服务的公司和机构，如软件研发、数据处理、信息技术、服务外包、物联网、数字内容、数字应用等。

（二）总部区功能

1. 数字大脑大数据中心层级体系

总部区聚集开江农业大数据中心。

2.产业数字供应链管理云平台

总部区聚集 N 个开江产业数字供应链管理云平台,如开江油橄榄产业数字供应链管理云平台、开江"稻田+"稻养产业数字供应链管理云平台、农产品商贸服务产业数字供应链管理云平台等。

3.数字经济产业要素赋能服务运营中心

开江数字经济产业要素赋能服务运营中心包括数字供应链交易清分结算运营中心、数字供应链金融服务运营中心、数字供应链担保服务运营中心、农业电子税务中心、农产品质量追溯管理中心、农产品标准中心、农产品检验检测服务中心、农产品品牌运营中心等。统一大市场运营基地是开江数字经济建设、发展、创新的"大脑",其特征体现为聚集、聚合、创新、融合,即聚集统一大市场产业集群,聚集统一大市场大数据,聚集统一大市场产业要素,聚合统一大市场数字技术研发,聚合统一大市场各类技术、运营、管理、服务人才,创新农业数字产业化路径,拓展数字产业化领域、多领域多层级多形式融合应用。

(三)油橄榄产业统一大市场生态结构

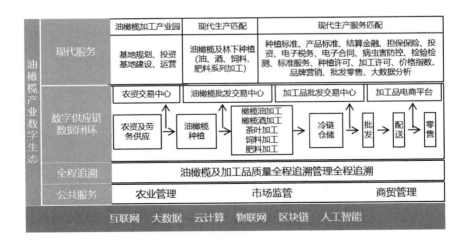

(四)油橄榄全国大市场中的供应链管理云平台

基于油橄榄产业"产、销、管、服",构建符合油橄榄产业市场规律的油橄榄产业数字供应链管理云平台,并围绕这一核心叠加全产业链质量溯源管理,拓展政府对该产业公共监管的宽度和深度,实现油橄榄产业数字生态的建立。

1.应用场景

覆盖研发、投入、生产、加工、贸易、服务、监管等油橄榄产业的应用场景。

2.客户对象

以种植/养殖F端、服务S端、加工F端、贸易B端、采购配送B端、终端消费市场b端、政府公共监管G端为主要服务对象。

3.数字存证

以数据流引领信息流、商品流、物流、资金流和票据流"五流合一"。

4.标准能力

深入完善油橄榄产业标准,建立油橄榄产业数据标准,总结提炼油橄榄产业要素服务标准等。

油橄榄产业大数据中心	油橄榄产业数字总部经济	油橄榄产业数字供应链管理云平台
农业农村部油橄榄产业大数据 省域油橄榄产业大数据 市域油橄榄产业大数据 县域油橄榄产业大数据		**品牌管理**——产品品牌、区域品牌、公共品牌 **数字示范**——智慧生产基地、数字加工厂(橄榄油、橄榄油健康食品、橄榄酒、茶叶、橄榄渣循环利用) **数字服务**——产业投资、产业金融、数字应用、数字分析、数字产业孵化、数字技术研发
油橄榄产业指挥中心 数字分析决策 可视化大数据 指挥大厅 数字驾驶舱		**油橄榄产业公共服务运营中心** **技术**——种苗、加工、循环利用、产业标准 **公共监管** **产业要素赋能**——清分结算、数字金融、电子税务、担保保险、仓储物流、全程质量追溯

六、"互联网+"油橄榄统一大市场建设内容

（一）应用系统需求

油橄榄产业供应链管理云平台充分利用区内已建的助农惠农系统,结合互联网、移动互联网、电子商务、即时通信、远程视频、电子合同、电子税务、大数据、区块链等技术,整合开江油橄榄产业各产业单位的产业资源和产业人员的技术人力资源,实现开江油橄榄产业的数字化、智能化、规模化升级改造,促进开江油橄榄产业的快速发展和不断完善壮大。

油橄榄全国大市场供应链管理云平台功能指标

序号	模块	功能需求
1	业务管理系统	油橄榄种植、农事管理、采摘、橄榄油和橄榄酒加工、成品销售等全产业链的产业单位和个人,他们的传统业务往来方式以面对面的交易方式为主,业务关系圈子小,上下游供应关系比较单一,抗风险能力差,交易金融压力大、开票困难、付款收款风险大、交易纠纷不好处理,需要业务系统能覆盖他们的所有业务场景,方便寻找供应商、采购商,并能快速、安全、可信、可靠地建立业务关系,快速签订电子合同,交易记录方便查询管理、交易纠纷申诉、支持电子税务和金融担保交易及自动金融清分结算
2	运营管理系统	传统模式下油橄榄产业各产业单位及个人,他们以小团体的形式各自运营管理,缺乏统一的行业标准,管理松散,难以统一组织和协调不利于产业的规模化发展,需要运营管理系统来规范审核平台用户的注册信息、制定统一的行业规范、规范行业信息发布、监督规范平台用户的交易过程、处理交易纠纷及投诉、对平台用户进行信用等级评定、可统一接入优质的资源(金融、保险、技术、服务等)扩充平台资源价值

续表

序号	模块	功能需求
3	监管系统	传统模式下政府部门要了解油橄榄产业的产业情况,需要不断地调研和收集上报产业相关信息数据,时效性差、调查收集成本高、数据资源共享难、数据资源利用率不高、产业企业或者个人了解最新政策和获得政策支持缺乏统一渠道、政策推广和落实难。公共监管系统需要实现实时采集辖区内油橄榄产业的生产主体信息、生产规模、产销动态、灾情病害等信息,为油橄榄产业从业单位及个人提供实时了解政策动态和进行补贴申报的统一渠道,实现"产、销、管、服"无缝融合
4	交易系统	打造便捷的交易场景,PC端、移动端同步展示,促进油橄榄产业链的上下游企业在线快速交易结算
5	可视化大数据管理系统	传统模式下油橄榄产业的行业数据以表格和文字的形式在少数从业单位或者政府部门内流传,数据的重复利用率不高,无法发挥最大的价值。数据收集整理困难,统计分析的方式方法多样,报表格式杂乱,不方便阅读理解。需要可视化大数据管理系统来统一规范油橄榄产业数据的收集、整理、分析、统计和以交互式图表的形式对外展示。可视化大数据管理系统以项目运行数据(用户信息、订单交易信息、物流配送信息、仓储信息、分拣信息、清分结算信息等)为基础,结合其他数据来源,以交互式图表的形式在数据大屏上直观展示油橄榄产业的整体数据面貌(各子产业的空间地理位置分布、产业资金规模及各项资金占比、上下游资金流量、流向、产品销售流向、历年产能、产能预估、价格走势、从业人员构成及分布),为油橄榄产业从业者的经营决策提供数据支持,为政府监管部门全面掌控区域内的油橄榄产业发展现状、产业链瓶颈及未来发展规划提供分析预测数据模型

续表

序号	模块	功能需求
6	产业赋能服务管理系统	通过引入和对接第三方平台或机构实现电子合同、电子税务等支持

（二）应用系统建设方案

1.开江油橄榄产业供应链管理云平台

基于全国油橄榄产业"产、销、管、服"，构建符合市场规律的全国油橄榄产业数字供应链管理云平台，并围绕这一核心，叠加全产业链质量溯源管理，拓展政府对该产业公共监管的宽度和深度，实现全国油橄榄产业数字生态的建立，并在开江形成全国油橄榄统一大市场。

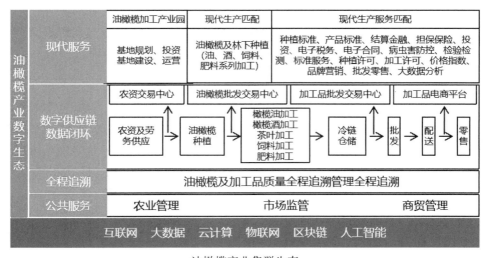

油橄榄产业集群生态

2.平台整体架构

项目由供应链业务管理系统、运营管理系统、市场监管系统、交易系统、可视化大数据管理系统、产业赋能服务管理系统六大系统以及必要的服务器、可视化等硬件设备构成。

访问层	移动App		Web端		大屏端		小程序端
权限控制层	单点登录用户中心		用户权限控制			API访问控制	
权限控制层	供应链业务管理系统	运营管理系统	交易系统	市场监管系统	大数据展示系统	行为日志记录 工作流控制	DevOps
							Kubernetes集群
							Doker容器
							JenKins持续集成工具
							JMeter压力测试
基础服务层	用户中心	监控服务	客服系统		权限管理		安全及容灾策略
	订单服务中心		文件存储服务		支付结算中心		分布式存储/缓存
	IM通信服务		任务调度中心		硬件管理服务		数据通信安全
数据服务层	生产数据分析服务		销售数据分析服务		运营分析服务		定时数据备份
存储及队列	MySql	MongoDB	Redis	缓存系统	队列系统		资源分级管理

平台整体技术架构

3. 平台功能架构

油橄榄产业供应链管理云平台由供应链业务管理系统、运营管理系统、市场监管系统、交易系统、可视化大数据管理系统、产业赋能服务管理系统组成。

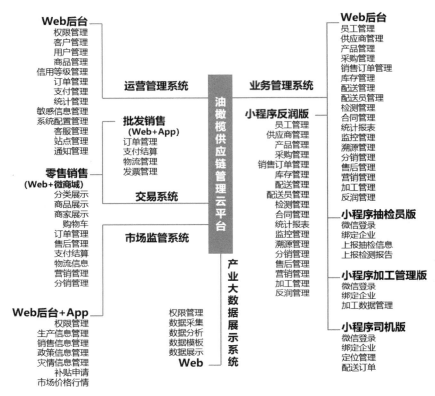

平台功能架构

4. 全国统一大市场运营平台功能

（1）供应链业务管理系统

覆盖油橄榄行业从采购采摘、检验检测、加工、库存、批发零售、物流配送等全产业链的产业单位和个人，按照供应商、采购商、配送商不同的角色客户，提供 Web 端员工管理、供应商管理、产品管理、采购管理、销售订单管理、配送管理、配送员管理、检测管理、合同管理、库存管理、返润管理、加工管理、团购管理、促销管理、优惠券管理、售后管理、分销管理、溯源管理、监控管理、统计报表等服务，并为供应链中特殊作业场景的作业人员提供返润版小程序、抽检员版小程序、加工管理版小程序、司机版小程序。

①员工管理

包含部门管理、岗位管理、角色管理、用户账号管理,为用户提供基于部门、岗位、角色的多层级权限和功能模块的用户企业内各部门、各岗位员工账号的统一管理。

②供应商管理

包含客户分组管理、供应商管理、临时客户管理,用户可通过此模块实现发起建立客户关系的申请,审批收到的客户关系建立申请,管理已建立的客户关系(解除及分组管理),添加和删除临时客户。

③产品管理

包含品牌管理、品类管理、产品管理,通过云端品牌库、品类库及品牌、品类信息的发布审核机制,方便用户通过云端库快速添加品牌、品类信息,对用户自定义的品牌、品类信息,平台通过审核机制可确保品牌品类信息的规范性,为农产品质量分级提供统一的标准,促进交易规范化。

④采购管理

包含采购计划、采购工单、采购订单、采购员管理,后台用户预先设置采购员,根据线下采购需求创建采购计划并分配给一个或多个采购员,采购计划会根据采购员自动生成采购工单并分派给采购员,采购员在线下或线上采购时创建采购订单。

⑤销售订单管理

包含批发订单管理、零售订单管理。后台操作人员可通过订单提醒快速知道新订单,确认订单后可分多个包裹发货,每个包裹都可线上下快递单或者线上录入快递单号,便捷追踪每个包裹的物流情况。

⑥配送管理

包含配送工单管理、配送订单管理,批发发货时,根据配送线路选择一条线路上的多个采购商,生成一个整体的配送工单并指定给该线路的配送员。每个采购商的配送任务为一个配送订单,配送员配送完一个采购商即完成一个配送订单,配送订单全部完成后即完成配送工单。

⑦配送员管理

包含配送员管理、配送线路管理、配送车辆管理,后台根据采购商预设配送线路,并为配送线路指定默认配送员,配送订单全程记录配送员、配送车辆、配送员定位信息。

⑧检测管理

包含抽检记录管理、全检记录管理,后台可通过产品批次来查看该批次的抽检信息,并且支持上传产品批次的全检结果文件。

⑨合同管理

包含开通电子合同服务、印章管理、合同模板、合同签署、合同管理,用户授权开通电子合同服务,创建个人或企业印章,上传合同模板,发送给要签署的对象签署,签署完成后台上传至第三方合同服务平台归档,系统中可查看已签署的合同内容。

⑩库存管理

包含出库、入库、损益盘存、库存转换、库存产品记录、库房管理。入库包含手动入库、采购入库、退货入库;出库包含手动出库、销售出库。用户可定期对库存进行损益盘存,并支持原料和加工产品的库存转换,可在库存产品记录里查看全局的库存产品和库存变更记录。

⑪返润管理

包含返润合同记录、返润设置、返润管理。企业设置返润规则,与供应商或个人签订返润合同,每笔采购都会根据返润规则生成返润记录,企业可选择一段时间内的返润记录进行返润结算给供应商或个人。

⑫加工管理

包含加工环节管理、加工数据管理。后台预设加工环节,并预设该加工环节需要填报的表单,作业人员填报后形成该加工环节的加工数据记录。

⑬团购管理

包含团购活动管理、团购订单管理。用户创建团购活动,设置具体开团条件和规则,买家开团成功后创建团购订单。

⑭促销管理

包含商品促销、限时促销、组合促销。商品促销:设置商品件数或金额达标条件,达标后减价或附赠赠品。限时促销:预设的时间段内,设置商品减价或折扣价出售。组合促销:通过多个商品打包减价或折扣价的方式出售。

⑮优惠券管理

包含优惠券设置、优惠券管理。后台设置优惠券领取和使用条件,买家领取后在订单中使用优惠券。后台通过优惠券管理查看优惠券的领取和使用情况。存在多种优惠券类型(如全场优惠券、品类优惠券、品牌优惠券、单品优惠券),并可通过注册送优惠券、商品页面领取优惠券等多种形式吸引买家。

⑯售后管理

包含退货并退款、仅退款两种形式。退货并退款即常规售后服务,用户填写退货申请,后台通过退货申请并发送收货地址,买家寄送回来以后退款。仅退款适用于某些回收成本远高于商品价格的情况,这种情况不要求买家寄回即可退款给买家。

⑰分销管理

包含分销规则设置、分销订单管理。后台设置某商品的分润规则和分润周期,买家分享该商品给别人购买,别人购买后生成分销订单,并根据分润规则计算分销金额,分润周期后,买家即可结算该分销订单到自己的账户。

⑱溯源管理

包含建立产品质量标准、产品质量检验检测和质量全程追溯。

⑲监控管理

包含监控设备记录、报修工单、监控视频管理。后台录入监控设备信息,有设备异常的创建报修工单提交给管理部门,维修完成后标记报修工单完成。

⑳统计报表管理

包含商品、客户、销售额、销售量、采购量、采购额、返润、分润等多个维度的统计报表,可按年、月、日、具体时间周期等进行统计。

㉑返润版小程序

提供给合作社、种植大户等线下返润的群体使用,通过微信账号登录,并录入身份信息,与企业签订返润电子合同,记录返润信息,记录返润状态。

㉒抽检员版小程序

提供给检测检验人员使用,通过微信账号登录,绑定企业,填报农残检测、理化指标检测等检测信息,并可拍照上传第三方全检结果。

㉓加工管理版小程序

提供给加工作业人员使用,通过微信账号登录,绑定企业,绑定预设的加工环节,填报相应加工环节的数据。

㉔司机版小程序

提供给配送司机使用,通过微信账号登录,绑定企业,接收配送工单,根据配送线路配送,并自动定位当前位置信息。

(2)管理云平台运营管理系统

为项目运营主体提供对项目业务管理系统中的基础角色、权限节点、用户注册使用协议、用户注册审核、用户登录账号、品类审核、系统通知、清分结算、分站等进行日常管理操作,方便运营主体统一管理项目业务管理系统的日常运营。

①产品管理

包含产品管理、品牌管理、单位配置,为平台运营方统一管理平台上所有用户发布的产品信息,新增、删除、修改、审核平台公共品牌库,新增、修改、删除平台产品计量单位。

②订单管理

包括采购订单管理和销售订单管理,从平台运营层面查询和查看业务管理系统产生的所有采购订单和销售订单并可将数据导出成 Excel 文件供其他系统使用。

③客户管理

包含客户管理、注册审核、等级配置,为平台运营方提供对平台所有客户账号进行管理、客户注册审核、客户在平台的信用等级划分规则配置。

④用户管理

为平台运营方提供对平台所有用户账号信息的查看、修改、添加、删除功能。

⑤客服

为平台运营方提供在线 Web 即时通信功能,实现对平台运营方和平台客户入驻前咨询和入驻后使用培训及故障上报、技术支持、业务开通办理的通信支持。

⑥权限管理

将各功能模块的子功能操作按功能模块分组列出,通过创建角色然后按角色职责分配给各个功能模块及子模块的访问操作权限,实现不同用户角色拥有其特定的功能操作界面,从而实现权限的划分和界面的简洁化。

⑦信用等级管理

设置信用等级评判规则,商家达标后自动升级到相应的信用等级,并可根据信用等级查看商家列表。

⑧站点管理

配置站点信息。

⑨系统配置设置

包含节点管理和团队管理,实现对运营管理系统角色权限管理中的各功能权限子节点进行添加、修改、删除操作,添加、修改、删除运营团队管理人员和管理人员及其管理的分站的对应关系。

⑩支付管理

包含通道管理,平台运营方对第三方支付结算接口进行统一接入管理,对是否允许线下汇款交易进行统一管理。

⑪通知管理

包含平台运营通知发布、通知跟踪、系统消息管理,平台运营通知发布和通知跟踪为平台运营方向平台客户发送平台重要通知、公告、信息,并跟踪通知的接收阅读情况;系统消息管理可配置平台向平台用户提供实时消息提醒(有新订单、订单需确认收货等)的消息发送策略规则。

⑫敏感信息管理

设置全局敏感词字典,所有用户输入都经过敏感词字典过滤,保证系统无敏感信息。

⑬统计管理

包含商品、客户、销售额、销售量、采购量、采购额、返润、分润等多个维度的统计报表,可按年、月、日、具体时间周期等进行统计。

(3)公共监管系统

服务于开江县涉农主管部门,实时采集辖区内生产主体信息、生产规模、产销动态、灾情病害等信息的公共服务系统,是生产者实时了解政策动态和进行补贴申报的渠道,是"产、销、管、服"无缝融合、高效互动的工具。

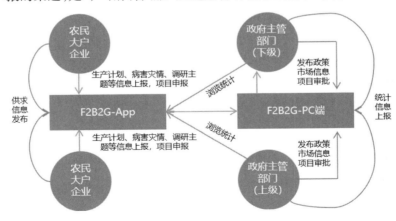

业务逻辑图

①统计

包含订单统计、库存统计、价格统计、生产规模统计,为产品销售、市场行情、生产规模功能模块展示数据提供数据来源支持。

②站点管理

为市场监管者提供按区(县)、乡(镇)、村行政区划,分级统一管理市场监管业务。

③信息管理

包含生产规模、政策信息、补贴审批、灾情防控、生产信息、销售信息,为监管者提供生产规模。

按地图区域展示,生产信息上报审核、农业政策信息发布、补贴审批、灾情信息查看等功能。

④交易系统

交易系统包含批发交易和零售交易。批发交易系统主要提供 Web 和 App,零售交易系统主要提供 Web 和 wap 商城。

批发交易系统主要功能模块包括订单管理、IM 通信、支付结算、物流管理、发票管理 5 个模块。

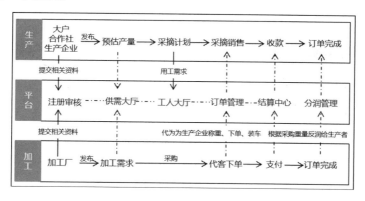

平台批发加工交易流程

零售交易系统主要功能模块包括分类展示、商品展示、商家展示、客服、购物车、订单管理、售后管理、支付结算、物流信息、团购、促销活动、优惠券、分销

13 个模块。

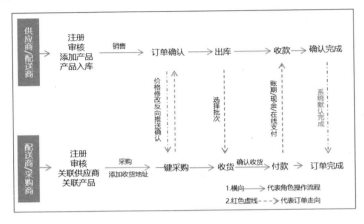

加工品批发零售

——品类展示

以树状结构菜单展示分类,用户可通过分类查询商品。

——产品展示

通过关键词搜索或通过品类进入产品展示列表。

—— 商家展示

展示商家基本信息、信用等级信息以及商家上传的各种资质信息。

—— 客服

用户通过客服模块与商家快速及时通信。

——购物车

包含加入购物车、情况购物车、购物车结算等功能。

——订单管理

包含订单预览、创建订单、订单支付、订单完成等功能。

——售后管理

已收货完成的订单可根据产品进行售后退货服务,用户申请退货,并寄回商品,后台即可退款。

——支付结算

目前有企业银行卡支付、个人支付宝支付、微信支付,并支持多收款账户清分。

——物流信息

可根据订单分包裹追踪物流信息。

——团购

个人可开团或跟团,根据具体的团购活动条件决定最终开团成功与否,开团成功后创建团购订单。

——促销活动

包含商品促销、限时促销、组合促销等活动。

——优惠券

买家可通过优惠券发放渠道领取优惠券,在订单结算页选择可使用的优惠券使用,在"我的优惠券"检视已经领取和已经过期的优惠券,并查看优惠券使用条件。

——分销

将参与分销的产品分享给别人购买,购买成功并收货完成后获得返利,在分销结算周期后可提现到自己的账户。

——发票管理

管理发票抬头,申请卖家开票。如果是个人卖家可开纸质普票,并在订单内多付发票邮寄费用,如果是企业卖家可按需开电子票。

⑤可视化大数据管理系统

以项目运行数据(用户信息、订单交易信息、物流配送信息、仓储信息、分拣信息、清分结算信息等)为基础结合其他数据来源,以交互式图表的形式在数据大屏上直观展示油橄榄产业的整体数据面貌(各子产业的空间地理位置分布、产业资金规模及各项资金占比、上下游资金流量和流向、产品销售流向、历年产能、产能预估、价格走势、从业人员构成及分布),为油橄榄产业从业者的经营决策提供数据支持,为政府监管部门全面掌控区域内的油橄榄产业发展现状、产业链瓶颈及未来发展规划提供分析预测数据模型。

系统支持通过简单的操作就能实现报表的构建。例如拖拽、右键菜单和工具条,利用丰富的组件库、事件库等,通过这些熟悉且直观的交互方式,快速构建分类、钻取、旋转的交叉表和图形报表。

——权限管理模块

设定登录账户权限,RBAC 权限管理。

——数据采集模块

包含数据库网络连接采集、FTP 数据文件下载采集(csv、xlsx、xls 文件格式)、WebAPI 请求采集,数据文件导入(csv、xlsx、xls 文件格式),为可视化大数据管理系统提供丰富的数据来源,为大数据分析提供大量的基础数据。

——数据分析模块

根据不同维度进行数据分析汇总。

——数据模板模块

预设大数据展示系统模板,用户根据需要选择展示内容。

——数据展示模块

包含用户登录、图表面板配置向导、面板管理,通过丰富的图表生动形象地展示数据分析的结果,方便观看客户直观理解数据分析结果。

——硬件及服务器

必要的服务器租赁及硬件采购。

七、 项目竞争优势

油橄榄产业作为特色产业集群,具有高附加值和第一、二、三产业融合明显的特征,其数字化建设易于切入和突破。

（一）开江油橄榄产业基础

适度规模的标准示范种植基地；完整的二产加工体系；种植与加工技术标准制定单位；省级现代农业园区示范单位。

（二）数字供应链技术成熟

完整的数字供应链管理技术与开江完整的油橄榄产业链结合，易于在较短时间内呈现油橄榄产业数字化阶段性成果和实践应用成效。

（三）政策资源充足

属地政策人脉资源和农业农村部特色产业集群发展高度重视，将有力地促进全国油橄榄统一大市场建设进度，并在开江夯实油橄榄统一大市场。

八、项目社会效益

（1）基于开江向万达开、成渝双城经济圈、全国三个层级的区域性供应链结算、供应链金融、政策性担保、政策性保险业务总部经济功能建设，推进万达开产业一体化建设示范。

（2）实现产业经济要素特别是数据资产要素赋能服务的精准配置。

（3）打造全国"农业特色产业统一大市场"名片。

（4）开江特色农产品统一大市场建设成为全国统一大市场"政、商、产、学、研、用"基地。

第九章　贵州凤冈全国黄牛统一大市场建设方案

本项目立足于贵州省凤冈县肉牛产业全产业链,采用云服务结构,以肉牛产业大数据服务支撑平台为基础,以肉牛产业数字供应链管理云平台为核心,实现物理空间的肉牛产业资源聚集;服务全省肉牛产业的生产、加工智能管控;商贸流通在线智慧管理;在线电子交易结算管理;担保、保险、供应链金融服务在线管理;肉牛产业大数据分析及应用服务等。将生产数据、加工数据、流通数据、结算数据集中上平台,形成产业大数据,反向服务产业链各环节企业,通过产业链大数据的分析和应用,实现花椒产业"产、销、管、服"信息与数据的互联互通、互信互认,从而达成全省肉牛产业数字化全产业链数字生态的建立。

一、全国肉牛统一大市场管理工程架构

(一)养殖环节数字化管理平台

结合运用于养殖基地的耳标管理,利用动物健康监测器和物联网技术,对每个牲畜佩戴能够采集动物信息的电子耳标,建成能够覆盖养殖区域的通信;将每个牲畜联网,准确掌握每头牲畜的具体位置,监测牲畜体温、运动等健康状态信息;牲畜个体信息联网上传到云端后,形成牲畜养殖管理大数据。利用政府及专家服务系统,全面提升技术服务水平。提供精准的母牛繁育、肉牛养殖技术指导,推进肉牛的标准化养殖,让养殖户从新手变成老手甚至能手,保障区域内肉牛产业的生产可控、投入可控、品质可控。

(二)销售环节数字管理平台

平台将农户牧草种植、肉牛养殖、肉牛加工、活牛交易、门店零售等应用场景形成一个完整的交易闭环,每个环节都有相应的 App 和电脑终端提供给生产、加工和销售的经营者使用,在整个农产品交易流通运转过程中所有环节的交易数据被纳入平台进行统一管理,使生产、加工、交易每个环节的数据均被平台记录和追踪,在每一笔交易完成时,可通过独立生成的二维码或条码,追溯到生产、加工、交易、物流等完整信息;从而为本地品牌背书,杜绝以次充好、鱼龙混杂的行为,保障本地品牌的良好信誉。

此外,依托平台的众多功能(客商进销存管理、客商生意圈智能管理与智能匹配、智能生成电子合同、智能复合交易、在线支付结算灵活多样、公共监管与政策申报及信息点对点推送、数据可视化呈现、接口公共服务等其他服务)形成对肉牛产业链上主客体的集约化服务。突破地理空间的限制,实现肉牛产业资源聚集,达成买全国卖全国的目标。

(三)数字化公共监管平台

平台采用多级公共监管体系设计,按照省(自治区、直辖市)、区(县)、镇(乡)、村划分数据监管权限。各级政府监管部门依照职能分工对肉牛产业进行"纵向与横向"的公共监督管理。通过管理云平台的数据分析、展示、应用功能全面直观深度了解肉牛产业现状,逐步建立涉农企业诚信管理机制,对涉农企业进行诚信评价和考核,为涉农企业扶持和奖惩提供诚信数据支撑。

平台支持商贸流通管理部门对流通按区域、单品、多品、市场采购商等多维度的产销分析、价格预判、市场趋势分析、报告生成等。同时对农产品销售鼓励政策的执行给出了"数据证据链"。

（四）数字化公共服务管理平台

管理云平台的开放性接口为结算清分、担保、金融、保险、投资、电子合同、电子税务等现代服务资源与农业产业的深度融合提供契合的应用场景。包括但不限于：

（1）云平台对接重庆三峡银行、中国工商银行等，实现平台在线结算清分，实现资金流与信息流、商品流、物流的统一。

（2）管理云平台解决农户线下无法提供发票的问题，根据交易数据（信息流、商品流、物流以及交易双方实名认证信息），税务在线审核，实现电子税务。

（3）管理云平台支持金融机构针对农业产业供应链数字生态圈，开发适合应用场景的金融产品。客商可通过管理云平台在线获得金融授信和申请贷款服务、保险服务、担保服务等。

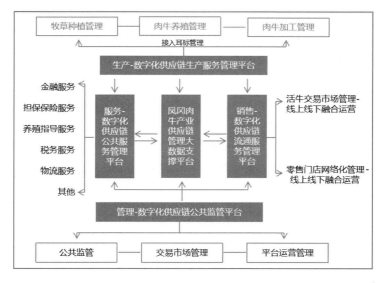

凤冈县肉牛产业数字供应链管理云平台逻辑示意图

二、统一大市场平台集成应用方案

（一）总体技术架构

（二）系统功能架构

（三）统一大市场平台应用需求方案

1. 用户分析

项目用户覆盖牧草种植、母牛繁育、肥牛养殖、活牛贸易、肉牛屠宰加工、肉牛销售等全产业链的产业单位和个人，以及平台运营管理团队和政府监管部门。

用户可分为三大交易角色（供应商、采购商、服务商）、一个运营角色、一个监管角色。

2. 职能职责

（1）交易角色主要职责

三大交易角色包括供应商、采购商、服务商。

供应商职责：提供牧草、饲料、活牛、牛肉加工品等交易商品，为商品质量全程溯源提供种植、养殖信息，管理库存商品，根据订单要求及时发送商品，及时处理售后工作，确认收款后在平台完成电子税票等工作。

采购商职责：发布商品需求信息，与采购方达成交易，及时完成资金结算，为订单农业生产基地提供商品收购标准，按时收购商品，及时提供市场需求信息，及时反馈客户及消费者意见。

服务商职责：包括物流、金融、保险、担保、税务等服务商，通过平台开放性接口逐步实现电子合同、担保、保险、交易资金清分结算、供应链金融、电子税务等现代产业要素赋能服务。

（2）运营角色主要职责

运营角色是项目运营管理者，提供订单农业、撮合交易等业务服务，承担平台日常运营管理，确保平台安全稳定运行，与政府部门配合进行多级、多站点管理，并深度服务于平台各参与方，提供相关数据采集、数据分析、数据应用服务，提升产业经营与管理效率。

（3）监管者角色主要职责

监管者包括村级、镇级、县级政府管理者,管理者可以通过平台收集辖区内生产主体信息、生产规模、加工情况、产销动态、疫情防控、市场管理等信息,并通过平台多级管理系统为三大交易角色提供政策信息、技术指导和补贴申报等公共服务。

3. 应用系统需求分析

凤冈县肉牛产业数字供应链管理云平台充分利用县内已建的助农惠农系统,结合互联网、移动互联网、电子商务、即时通信、远程视频、电子合同、电子税务、电子金融、大数据、区块链等技术,以凤冈县肉牛产业为抓手,整合各产业单位的产业、技术、人力资源,实现凤冈农业产业的数字化、智能化、规模化升级改造,促进凤冈县肉牛产业的快速发展和不断完善壮大。

凤冈县肉牛统一大市场运营平台功能指标

序号	模块	功能需求
1	业务管理系统	打造具有肉牛产业特色的业务管理系统。传统肉牛产业中,牧草种植、母牛繁育、肥牛养殖、活牛贸易、输精配种、肉牛屠宰加工、肉牛销售等全产业链的产业单位和个人,其业务往来以面对面的交易方式为主,业务关系圈子小,上下游供应关系比较单一,抗风险能力差,金融压力大,付款收款风险大,交易纠纷不好处理,需要业务系统能覆盖他们的所有业务场景,方便寻找交易对象,并能快速、安全、可信、可靠地建立业务关系,快速达成交易,支持电子税务和资金自动清分结算等作业。
2	运营管理系统	传统模式下农业各产业单位及个人以小团体的形式各自运营管理,缺乏统一的行业标准,管理松散,难以统一组织和协调,不利于产业的规模化发展。需要运营管理系统来规范审核平台用户的注册信息,制定统一的行业规范,规范行业信息发布,监督规范平台用户的交易过程,处理交易纠纷及投诉,对平台用户进行信用等级评定。统一接入优质的资源(金融、保险、技术、服务等),扩充平台资源价值。

续表

序号	模块	功能需求
3	公共监管系统	传统模式下政府部门要了解农业产业情况,需要不断调研和收集上报产业相关信息数据,这种方式时效性差、调查收集成本高、数据资源共享难、数据资源利用率不高。而企业或者个人想了解最新政策和获得政策支持,缺乏统一渠道,政策推广和落实难。公共监管系统采用多级管理体系,满足县→乡镇→村各级主管部门及时了解生产主体、生产规模、产销动态、输精配种、疫情防控、保险管理、废弃物管理等信息,为从业单位及个人提供专业技术培训,并提供实时了解政策动态和进行补贴申报的统一渠道,实现"产、销、管、服"无缝融合。
4	App	考虑到产业从业人员长期处于移动工作状态,并不具备操作电脑的条件,需要借助 App 帮助从业人员全面掌握产销信息,快速达成交易,及时得到技术培训、政策指导,并能获得深度产业赋能服务。App 作为项目移动端用户操作界面,为用户提供产品管理、价格管理、订单管理、客户管理、即时通信、信息上报、财务管理等功能,方便用户能够随时随地和客户进行沟通,并快速处理交易信息,减少交易中间环节,缩短交易时间,提高交易效率。
5	可视化大数据管理系统	传统模式下农业产业的行业数据以表格和文字的形式在少数从业单位或者政府部门内流传,数据的重复利用率不高,无法发挥最大的价值。数据搜集整理困难,统计分析的方式方法多样,报表格式杂乱,不方便阅读理解。需要可视化大数据管理系统来统一规范产业数据的收集、整理、分析、统计和以交互式图表的形式对外展示。本系统以肉牛产业供应链管理云平台的运行数据(用户信息、

续表

序号	模块	功能需求
5	可视化大数据管理系统	订单交易信息、物流配送信息、仓储信息、分拣信息、清分结算信息等）为基础，结合养殖、加工、市场等数据来源，以交互式图表的形式在数据大屏上直观展示牛肉产业的整体数据面貌（各子产业的空间地理位置分布，产业资金规模及各项资金占比，上下游资金流量、流向，产品销售流向，历年产能，产能预估，价格走势，从业人员构成及分布），为牛肉产业从业者的经营决策提供数据支持，为政府监管部门全面掌控区域内的肉牛产业发展现状、产业链瓶颈及未来发展规划提供分析预测数据模型。 系统支持通过简单的操作就能实现报表的构建。例如拖拽、右键菜单和工具条，利用丰富的组件库、事件库等，通过这些熟悉且直观的交互方式，快速构建分类交叉表和图形报表。
6	产业赋能服务管理系统	通过引入和对接第三方平台或机构，为产业从业单位及个人提供资金实时支付清分结算、电子合同、电子担保、电子保险、电子税务、供应链金融等服务。
7	质量全程溯源管理系统	打通肉牛养殖耳标管理、供应链交易、活牛市场交易管理、零售网络销售管理等系统，以肉牛防疫码为基础，延伸肉牛加工商品，实行一品一码，批次信息管理，为产品溯源建立源头数据库，实现上下游溯源数据互通，并同步到政府监管平台以及终端消费市场。可与第三方质量溯源系统连接，实现溯源信息查询、系统模块化配置、手机溯源 H5 端查询。助力肉牛产业全程溯源，提升凤冈肉牛产业品牌价值。

续表

序号	模块	功能需求
8	活牛交易市场管理系统	目前的活牛交易市场还处于原始的粗放式管理方式,需要借助数字化管理手段,提高市场管理效率、服务提档升级,实现交易电子化和线上线下一体化发展。提供市场管理、信息采集发布、进出场管理、车辆管理、交易管理、资金结算、疫情管理、电子监控、数据交换、供应链金融等应用系统的服务功能,最大限度地实现信息化、网络化管理。实现一站式肉牛产品采购批发交易与物流中心。
9	肉牛屠宰加工管理系统	按照肉牛加工企业全产业链一体化打造的需求,需要借助外力数字化管理,实现食品安全追溯管理,提升品牌价值。牛肉按照预定的方式分解,每一块牛肉独立包装并粘贴条码,条码与生产批次等信息关联,企业客户端软件将小包装条码与箱体/托盘标签编码进行关联,控制标签打印机打印箱体/托盘标签,并将关联信息上传到数据中心。数据中心将小包装条码、箱体/托盘码与存储的企业基本信息进行关联,用于查询和追溯。实现商品一品一码管理,实现牛肉加工品实时库存管理。
10	门店管理系统	实行网格化管理,帮助经营者突破门店地理限制,在线管理全国各零售门店。帮助门店实现渠道数字化运营管理,提供全部数据一体化、线上促销、会员营销、智能收银体验、库存及时补充、手机可视化报表等功能,帮助全门店多角度数据分析、辅助决策。

（四）平台分步实施计划

凤冈肉牛统一大市场运营平台分步实施计划

阶段	系统	模块	备注
第一阶段	公共监管服务系统	产业数据报统小程序	
		数据报统审核及展示	
	运营管理系统	用户模块	
		客户模块	
		权限模块	
		客服模块	
		分类模块	
		系统配置模块	
		通知模块	
	业务管理系统	用户模块	
		客户模块	
		权限模块	
		分类模块	
		系统配置模块	
	可视化大数据管理系统	数据库网络连接采集管理	
		FTP 数据文件下载采集管理	
		WebAPI 数据采集管理	
		数据文件导入管理	
		用户管理	
		数据展示模板管理	

续表

阶段	系统	模块	备注
第一阶段	零售管理系统	商品管理	
		订单管理	
		购物车管理	
		员工管理	
		财务管理	
		库存管理	
第二阶段	运营管理系统	产品模块	
		订单模块	
		统计模块	
		价格模块	
		支付模块	
	App	所有模块	
	业务管理系统	产品模块	
		订单模块	
		仓储模块	
		采购模块	
		分拣模块	
		配送模块	
		财务模块	
		统计模块	
		客服模块	
		合同模块	
		工作流模块	
		价格模块	

续表

阶段	系统	模块	备注
第三阶段	可视化大数据管理系统	数据治理管理	
		数据分析管理	
		数据展示模板创建向导管理	
		图表控件管理	
	质量全程追溯管理系统	所有模块	
	零售管理系统	溯源码管理	
	公共监管服务系统	所有模块	
	屠宰加工管理系统	所有模块	
	市场管理系统	所有模块	
	产业要素赋能服务系统	资金在线支付结算接口	
		电子税务接口	
		电子合同接口	
		保险服务接口	
	系统部署及测试	系统测试	
		系统部署	

三、数据应用方案

（一）数字采集

打造肉牛产业统一大市场需要回答数据采集、数据安全和数据应用三个问题。首要解决的是采集到实时动态的数据。

平台通过普通农户或龙头企业交易所用的 App，对所在村进行数据采集，从村到乡镇到县，逐级进行统计分析（包括上报生产计划、实际生产规模、预计投入和产出,实时上报疫情,政策申报等);政府根据上报内容统计分析,调整政策补贴方向,引导区域养殖基地的良性发展,并对上报疫情等发展变化及时响应和部署。随着每一笔交易的真实发生,也可实时掌握村→乡镇→县的销售变动数据。平台通过独有的设计,拓展了政府对产业公共监管服务的宽度和深度,表现为实时、可视、精准。实现肉牛产业"产、销、管、服"信息与数据的互联互通、互信互认。

(二)数据应用

1.建立大数据标准体系

研究制定有关大数据的基础标准、技术标准、应用标准和管理标准等。

2.数据分析挖掘

构建高质量的肉牛产业大数据平台,通过人工智能技术对大数据进行分析处理,为养殖户、龙头企业、经销商、保险公司、金融机构、政府等提供有价值的数据产品服务。

3.数据运用服务

通过数据挖掘,服务支持银行、担保、保险等专业服务机构和行业协会、商会运用大数据更加便捷高效地为产业供应链提供服务,支持产业发展;支持和推动金融机构基于产业大数据开发金融新产品,实现金融、保险、担保在产业供应链上的深度融合。

(三)数据监管

1.信息安全管理

为平台用户、身份信息、交易数据提供安全保密和合法访问管理的基础服务,如个人隐私信息、访问授权机制、密钥的管理、鉴权及审计等。

2. 构建大数据安全政府监管和行业自律机制

构建行业监管和行政区域监管的矩阵式监管体系，督促大数据运营单位落实建立安全组织机构；加强分类分级管理，实施大数据等级保护制度，严格实施大数据基础平台建设和数据应用的"事前"审批制度。

3. 数据安全监管

充分发挥行业自律作用，鼓励成立行业或区域性的大数据安全联盟等组织，建立行业内互相监督机制，实现自律约束、自律管理和自律惩戒，做到政府监管和行业自律相互协同、形成合力。统计部门与平台运营数据中心对接，创新统计调查信息采集和挖掘分析技术，充分保护大数据。

四、全国肉牛统一大市场平台运营方案

紧扣凤冈县对肉牛产业提档升级的举措，运用互联网、大数据、云计算、区块链、物联网、人工智能等新一代信息技术，以肉牛产业生产、加工、流通市场等所形成的产业链基础，以凤冈县肉牛产业数字化管理云平台建设作为切入点，构建在全省乃至全国具有典型示范效应的肉牛产业全国统一大市场示范平台。

（一）构建肉牛产业总部经济管理运营技术支持体系

（1）实施肉牛产业总部经济顶层设计。

（2）设立肉牛产业重大专项，推进肉牛产业数字供应链管理云平台建设。

（3）关键核心技术产品研发。

（二）以产品交易服务需求引导供应链服务进入产业生态系统

以标准化、组织化、适度规模化的市场需求和商业契约关系有效配置和粘连供应链服务资源。

（1）技术支持产业供应链现代服务加入肉牛产业总部经济体系。

（2）政策支持金融、结算、担保、保险等现代金融与非金融服务进入"互联网+现代产业"总部经济体系。

（3）政府引导并鼓励社会资本建立"互联网+现代产业"总部经济建设和产业供应链建设的专项产业基金。

（4）政策鼓励与支持客商参与专业批发 B2B 交易，实现信息、数据采集的在线化。

（三）支持推进产品批发 B2B 在线交易

以肉牛全产业链（F2B2B2b）复合交易技术平台为载体，总部经济运行企业为龙头，区域内各大行业协会、专业市场参与，推进产品 B2B 在线交易。

1. 推进国有控股/参股的活牛交易市场智慧管理

改善现有活牛交易市场的现代化服务环境，并为市场"F2B2B2b 复合交易"提供信息化管理基础，实施市场智慧管理重点工程。

2. 政策性鼓励和支持批发市场客户上线交易

推进批发市场客商用供应链管理工具完成交易行为，实现 B2B 交易在线化。

（四）鼓励与支持产业供应链金融及拓宽金融服务渠道

（1）支持金融机构的网络金融结算和金融服务能力建设。

（2）支持订单式产品全产业链政策性保险服务。

（3）政策性担保机构扩大服务范围。

（4）拓宽财政、金融服务方式。

（5）发展期货市场。

（五）健全统一的产品质量全程追溯管理体系

产业供应链相关部门协同，全面介入产品质量全程溯源管理过程，强化质量安全监管，建立完善产品检验检测体系，搭建质量安全追溯平台，实现质量安全监管全覆盖，保驾护航产品安全、产品价格机制变革和产业信用机制建设。

（1）数据一体化。

（2）实施统一的标准产品评价标准清单和认证目录。

（3）公共管理共享数据履行监督管理职能。

（4）实施产品质量管理体系建设。

（5）实施产品生产质量监管。

（6）鼓励与支持流通溯源管理和流通追溯技术研发。

（7）实施消费溯源管理和促进安全产品消费。

（8）提升产业管理部门现有标准产品认证技术能力和信息平台建设。

（六）实施产业交易税收管理制度改革

现行产业税收政策下积极推广网上办税服务和电子发票应用；在订单产业、大数据管理支持下的贫困地区产品采购的税收减、免、返政策；全面落实产品营销中营业税、增值税的机动政策。

（1）优化票务管理。基于肉牛产业供应链的质量、实物、价值三位一体的数据管理，针对发票开票主体、开票依据、开票审核流程等进行改革。推动产业市场（交易）大数据管理与网上办税服务和电子发票应用对接。

（2）精细化税务管理。推进肉牛全产业链（F2B2B2b）复合交易大数据支持下的产品采购税收征收（免税产品除外）与结算一体化改革。

（3）特别税收优惠。贫困地区产品采购的税收减、免、返政策。

（4）数据共享与信息互通。肉牛产业供应链平台大数据（产品质量、来源地、产品数量、产品重量等）向税务管理开放，促进税务服务（如开票服务等）"前移"，提升税务管理的科学化。

第十章 重庆大足全国蚕桑统一大市场建设方案

大足区蚕桑产业统一大市场项目（以下简称"项目"），是针对桑树种植、桑叶销售、大棚养蚕、鲜茧销售、鲜茧加工干茧、干茧销售、缫丝厂加工生丝、生丝销售、丝绸制品加工、丝绸商品销售等蚕桑产业链的产业应用场景，以种植 F 端、养蚕 F 端、缫丝厂加工 F 端、贸易 B 端、政府公共监管 G 端为主要服务对象（可延伸至丝绸制品加工 F 端、丝绸商品贸易 B 端和终端消费市场 b 端为客户对象），集成大数据、云计算、人工智能、区块链及网络（互联网、移动互联网、物联网）技术，在完成传统蚕桑产业链数字化的同时，为蚕桑产业链上各环节提供有质量、有效率的全域服务。

一、产业集群供应链架构

（一）作用

项目针对蚕桑产业的"产、销、管、服"应用场景实时产生的信息与数据，通过信息技术集成构建符合蚕桑产业生产种植、加工贸易、公共监管等应用场景的蚕桑产业供应链管理云平台，实现蚕桑产业链上各环节数据的实时采集和信息的互联互通；实现产销环节的精准对接；实现蚕桑产业纵向多层级横向多部门的公共监管;实现农业现代服务资源的有效配置和赋能服务;实现蚕桑产业可视化大数据管理。

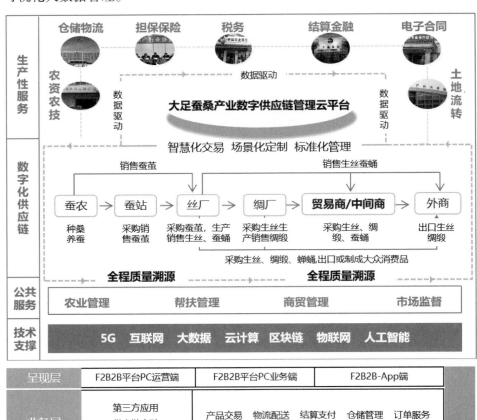

数字蚕桑产业

1.核心

以符合蚕桑产业应用场景的信息技术集成,贯穿蚕桑产业链,以数据引领信息流、商品流、物流、资金流、票据流"五流合一"。

2.赋能

围绕蚕桑产业链客商,提供信息互联互通、供应链管理(包括内部ERP)、交易清分结算、电子合同、电子税务、供应链金融、政府公共监管与政策双向通道等赋能服务。

3.采集

包括但不限于种植、加工、贸易、物流、客商等数据的在线实时采集。

4.监管

实现蚕桑产业可视化大数据管理,延伸公共监管服务的宽度与深度。

5.溯源

以市场需求为导向,"叠加"质量全程溯源管理,运营桑叶种植、蚕桑养殖、缫丝、丝绸制品等质量全程追踪、查询、溯源。

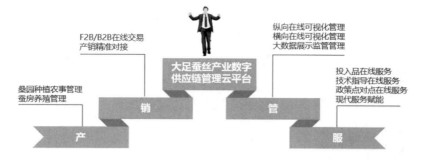

(二)项目结构

项目由业务管理系统、运营管理系统、公共监管系统、管理云平台 App、可视化大数据管理系统、产业赋能服务管理系统、农事管理系统、质量全程溯源管理系统八大系统以及必要的服务器、可视化等硬件设备构成。

注：对于管理云平台而言，农事管理系统、质量全程溯源管理系统是与第三方进行数据接口的。

（三）业务流程图

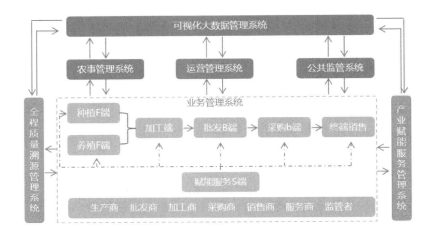

管理云平台 App

（四）数据实时采集

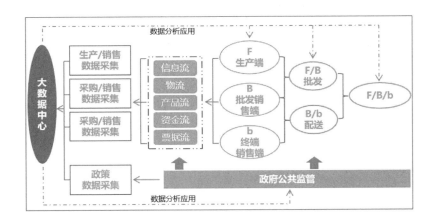

（五）平台—系统—模块框架图

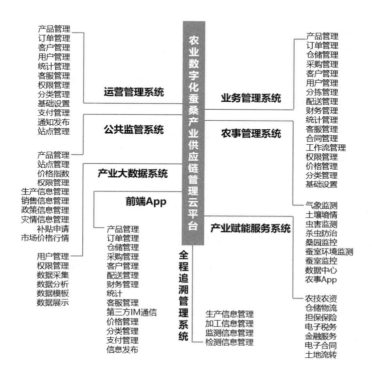

平台系统功能模块结构示意图

（六）业务管理系统

1. 系统简介

覆盖桑树种植、桑叶销售、大棚养蚕、鲜茧销售、鲜茧加工干茧、干茧销售、缫丝厂加工生丝、生丝销售、丝绸制品加工、丝绸商品销售等全产业链的产业单位和个人，按照供应商、采购商、配送商、中间商不同角色用户，提供产品管理、用户管理、客户管理、合同管理、订单管理、财务管理、仓储管理、统计报表、工作流管理等服务。

2. 系统主要功能模块

系统主要功能模块包括产品、订单、仓储、采购、客户、用户、分拣、配送、财务、统计、客服、合同、工作流、权限、价格、分类、基础设置 17 个模块。

（1）产品管理

①定义：包含产品品牌管理、品类管理、产品管理、价格管理，通过云端品牌库、品类库及品牌、品类信息的发布审核机制，方便用户通过云端库快速添加品牌、品类信息，对用户自定义的品牌、品类信息平台通过审核机制可确保品牌、品类信息的规范性，为农产品质量分级提供统一的标准，促进交易规范化。

②特征：

a. 丰富的云端品牌库、品类库方便用户快速规范地添加品牌、品类信息。

b. 对用户自定义的品牌、品类、产品信息平台通过审核机制可确保产品信息的规范性，为农产品质量分级提供统一的标准，促进交易规范化。

c. 基于毛利率和价格的一键调价功能，方便用户快速调整产品价格，非常适合农产品价格变动快的行业特性。

（2）订单管理

①定义：包含销售订单、采购订单。统一的订单管理结合 App 可方便客户随时随地快速实现订单确认、订单修改、订单发货、订单配送、订单完成确认操作。

②特征：

a. 可根据订单号、收货人、手机号、订单状态快速查询订单。

b. 丰富的订单状态支持（待卖家确认、待买家确认、待支付、待收款、待发货、出库中、待收货、待完成、已完成、已取消、已回收）能全面反映和处理订单在双方交易过程中的多种状态。

c. 订单在买卖双方没有都确认的情况下可以反复修改，方便交易双方实现议价、议量的农产品特殊交易模式，促进农产品交易的达成。

（3）仓储管理

①定义：包括库房管理、库存产品管理、入库管理、出库管理、损益盘存管理，分拣功能专门针对农产品分拣包装分级开发，更贴合农产品仓储过程中的特殊场景需求，提高农产品仓储管理效率。

②特征：

a. 多库房支持用户可根据实际添加多个仓库库存产品，可支持多仓储汇总管理。

b. 库存产品可通过仓储补货功能生成采购计划，用户企业管理人员审核通过后通过采购流程完成补货。

c. 入库管理支持采购、调仓、退货、换货、报损等多种入库方式。

d. 出库管理支持销售、调仓、退货、换货、报损等多种出库方式，是否立即处理可以减少审批确认环节，实现快速出库。

e. 损益盘存可通过定期清单库存，确保库存数据和实际库存保持一致。

f. 多库存类型支持虚拟库存、可用库存、在途库存、订单库存、锁定库存、安全库存、预售库存。

（4）采购管理

①定义：包括采购计划管理和采购工单管理，可实现创建采购计划、审核、修改、挂起、删除采购计划，并跟踪采购工单的完成进度。

②特征：

a. 采购计划支持现付、到付、账期、分期四种付款方式。

b. 采购计划支持录入验收标准和采购原因，便于采购人员和库管人员按要求采购产品和验收入库。

c. 采购计划可设置开始时间和结束时间，并自动跟踪提醒即将到期还没完成的采购计划，保障采购计划的按时完成。

（5）客户管理

①定义：包含供应商管理、采购商管理、物流商管理，用户可通过此模块实

现发起客户关系建立申请,审批收到的客户关系建立申请,管理已建立的客户关系(解除及分组管理),添加和删除临时客户。

②特征:

a. 客户分组功能可实现向不同供应商分组发布指定采购需求、向不同采购商分组发送指定产品信息和报价信息。

b. 相互确认的客户关系建立过程保障了客户关系建立的私密性和安全性。

c. 灵活的临时客户添加功能为建立和管理临时客户交易信息提供了便利。

d. 解除客户关系时系统会自动审查双方是否有未完成的订单,如有未完成的订单,则提示双方还有未完成的订单,解除关系失败,可确保交易双方的交易完成。

(6)用户管理

①定义:包含部门管理、岗位管理、角色管理、用户账号管理,为用户提供基于部门、岗位、角色的多层级权限和功能模块的用户企业内各部门、各岗位员工账号的统一管理。

②特征:

a. 多层级部门管理:可创建多级部门组织架构,能更好地满足复杂组织架构的企业对部门划分的需求。

b. 灵活的岗位管理:使用户可以根据自己的需要创建任何岗位。

c. 用户账号管理:提供了强大的搜索功能,可根据用户名、昵称、手机号快速查找用户账号。

d. 用户账号编辑功能:可编辑修改用户账号昵称、账号头像、手机号码、邮箱、姓名、所在部门、所在岗位、所属角色、账号是否启用状态。

e. 账号停用和启用功能:可实现用户员工离职后通过账号停用,既能保障企业信息不再外泄,又能保证离职员工在职期间的数据不丢失。

(7)分拣

①定义:对大批采购的初级农产品进行分拣包装前,原产品库存及分拣包

装后的新产品库存进行跟踪管理。

②特征：

a. 产品分拣功能可对农产品经分拣加工、打包装箱后产生的新型号规格产品库存作量化跟踪。

b. 可对多个批次、多个不同产品分拣成多个产品（将多个产品分拣包装成多个礼盒包装）。

（8）配送

①定义：包括物流订单、配送工单、配送订单三个子功能模块，可为供应商提供自有物流配送管理（司机姓名、联系方式、车牌、车型、配送线路、配送物品清单确认）功能及第三方物流配送管理。为平台第三方物流商提供物流配送管理。

②特征：

a. 配送线路功能将位置相近的采购商仓库划归在同一线路内，提高了配送效率。

b. 一条配送线路可以支持多辆配送车辆。

c. 一辆配送车可以支持多个司机。

（9）财务管理

①定义：包含账户管理、资金账户、收款管理、付款管理，支持多种收款方式：线下银行账户收款、线上微信支付、支付宝支付、三峡付支付、工商银行网银支付等，并针对农产品交易资金往来的特殊要求提供现付、到付、账期、分期四种结算方式。

②特征：

a. 线下支持设置多个银行账户，方便财务人员管理线下收款，客户付款时选择最合适的收款账户。

b. 线下多账户支持可增大大宗交易大额资金行内转账的概率，减少转账手续费用。

c. 线上支持微信支付、支付宝支付、三峡付支付、工商银行网银支付。

d. 线上第三方平台支付接口一次接入，全平台客户都可以使用降低了支付接口接入开发成本。

e. 线上第三方支付平台的引入可为平台用户交易提供担保、自动清分结算、信用贷款等金融赋能支持。

f. 针对农产品交易资金往来的特殊要求提供现付、到付、账期、分期四种结算方式。

（10）统计

①定义：包含订单统计，可按天、周、月、季度、年统计采购笔数、采购金额、销售笔数、销售金额、订单总数量、订单总金额，直观的数据报表为用户实时了解经营状况提供了方便。

②特征：

a. 可在指定日期时间段内按指定（天、周、月、季度、年）粒度对订单记录进行采购笔数、采购金额、销售笔数、销售金额、订单总数量、订单总金额等统计汇总。

b. 统计结果可导出为 Excel 文件供其他数据分析系统使用。

（11）客服

①定义：为平台客户提供在线 Web 即时通信功能，实现售前咨询和售后处理沟通跟进服务，方便平台客户间交流，促进双方达成交易。

②特征：

a. 访客信息备注（姓名、电话、备注）方便记录访客信息。

b. 访客分组功能方便分组管理大量访客。

c. 支持历史消息查看和搜索。

d. 支持发送表情图标、文字、图片、文件、语音（需要浏览器支持）。

e. 支持多个客服，客服间可互相转移会话。

（12）合同管理

①定义：包含合同文件管理、电子印章管理，Word 格式合同转 PDF 格式再转图片格式，再通过第三方合同接口进行合同签章、上传等。

②特征：

a. 可按供应商、采购商、物流商分组查询电子合同档案，根据合同名称查询合同档案，方便合同档案管理和查询。

b. 印章管理可管理 E 签宝电子印章。

c. 平台认证客户通过合同管理及 E 签宝签订电子合同，具有审批方便、签订时间短，较传统纸质合同双方快递往来签订要方便高效且成本更低。

d. 电子合同的法律效力能有效保护交易双方的正当利益，使平台交易更安全可靠。

（13）工作流管理

①定义：可对买家工作节点（提交订单、订单收货）、卖家工作节点（订单发货、订单完成）、公用工作节点（修改订单、确认订单、取消订单）设置审批人员和启用审批。

②特征：

a. 每个审核流程都可以独立设置开启和关闭，以适应不同用户对审批流程的特殊需要。

b. 可以根据实际需求选择配置需审核的工作节点。

c. 每个工作节点审核人员可添加多个，最多 99 人。

d. 当且仅当订单审核完成后方能进行下一步操作。

e. 买卖双方只能在订单确认之前，订单未在审核状态时才能对订单进行修改。

f. 若对订单进行修改则需要重新开始审核流程。

g. 审核任务在待办事项中进行呈现。

h. 系统以站内信的形式把审核结果告知订单创建者。

（14）权限管理

①定义：将各功能模块的子功能操作按功能模块分组列出，通过创建角色按角色职责分配给各个功能模块及子模块的访问操作权限，实现不同用户角色拥有其特定的功能操作界面，从而实现权限的划分和界面的简洁化。

②特征：灵活的角色管理可根据用户不同角色为用户呈现不同的操作界面，用户体验度好。

（15）价格管理

①定义：对产品价格按照客户分组、购买量分阶段报价，根据毛利率统一调整所有产品价格、基于现价统一调整所有产品价格。

②特征：基于毛利率和价格的一键调价功能，方便用户快速调整产品价格，非常适合农产品价格变动快的行业特性。

（16）分类管理

①定义：管理云平台为用户提供基本的云端产品分类库，方便用户按照分类添加产品和搜索产品信息，用户可添加自定义产品分类上传至运营平台，审核通过后可使用自定义产品分类。

②特征：

a. 云端分类库为用户提供了基本的产品分类信息，方便用户按分类管理产品信息。

b. 自定义分类审核机制保证了平台分类的规范性。

（17）基础设置

①定义：包含收货地址、配置管理，通过配置管理可以开启或关闭财务模块、采购计划模块、订单自动提交功能、订单自动功能，进一步满足用户的个性化需求，简化操作提升效率。

②特征：

a. 可配置多个收货地址，并可修改和删除。

b. 可开启关闭财务模块（关闭后订单确认时将不会创建财务记录），简化系统订单交易流程,适应个体户人手有限、没有财务人员操作的情况。

c. 可开启关闭采购计划(关闭后将无法创建采购计划,无法查看采购计划记录),简化系统订单交易流程,适应个体户人手有限但没有专门的采购人员操作的情况。

d. 可开启关闭订单自动提交(开启后自动提交订单给卖方)简化系统订单交易流程,适应个体户人手有限的情况。

e. 可开启关闭订单自动确认(开启后自动确认收到的订单)简化系统订单交易流程,适应个体户人手有限的情况。

(七)运营管理系统

为项目运营主体提供对项目业务管理系统中的基础角色、权限节点、用户注册使用协议、用户注册审核、用户登录账号、品类审核、系统通知、清分结算、分站等进行日常管理操作,方便运营主体统一管理项目业务管理系统的日常运营。

1. 系统主要功能模块

系统主要功能模块包括产品、订单、客户、用户、统计、客服、权限、分类、基础设置、支付、通知、站点 12 个模块。

2. 产品管理

(1)定义

包含产品管理、品牌管理、单位配置,为平台运营方统一管理平台上所有用户发布的产品信息,新增、删除、修改、审核平台公共品牌库,新增、修改、删除平台产品计量单位。

(2)特征

①可根据产品状态(上架、下架)、产品类型(自营、非自营)、关键词(SKU名称、平台码、本地货号)搜索查找产品。

②可查看产品名称、别名、所属客户、标签（新品上架、热卖推荐）、品类、品牌、数量信息。

③可根据品牌状态（未通过、待审核、已通过）关键词搜索查找品牌。

④可查看品牌的品牌名称、所属客户、Logo、相关批文、状态、创建时间、更新时间信息。

3. 订单管理

（1）定义

包括采购订单管理和销售订单管理，从平台运营层面查询和查看业务管理系统产生的所有采购订单和销售订单，并可将数据导出成 Excel 文件供其他系统使用。

（2）特征

①可根据采购订单的状态（待卖家确认、待买家确认、待支付、待收款、待发货、出库中、待收货、待完成、已完成、已取消、已回收）、站点［区（县）、乡（镇）、村］、采购商名称、日期查询采购订单。

②可查看采购订单的订单编号、采购商、供应商、供应商子站、订单总额、支付方式、订单状态信息。

③可根据销售订单的状态（待卖家确认、待买家确认、待支付、待收款、待发货、出库中、待收货、待完成、已完成、已取消、已回收）、站点［区（县）、乡（镇）、村］、供应商名称、日期查询采购订单。

④可查看销售订单的订单编号、供应商、采购商、采购商子站、订单总额、支付方式、订单状态信息。

⑤查询结果导出成 Excel 文件供其他系统使用。

4. 客户管理

（1）定义

包括客户管理、注册审核、等级配置，为平台运营方提供对平台所有客户账号进行管理、客户注册审核、客户在平台的信用等级划分规则配置。

（2）特征

①可根据客户审核状态（已审核、审核失败）、类型（采购商、配送商、供应商、物流商）、企业名称筛选查询客户。

②可查看客户的名称、经营状态、营业时间、业务联系人、联系电话信息。

③通过客户列表中的"查看"按钮可以查看客户详细信息（客户名称、客户全称、详细地址、特殊经营许可证、经营状态、经营范围、营业时间、业务联系人、联系电话、邮箱地址）。

④通过客户列表中的"删除"按钮可删除用户账号（软删除且删除前会核验客户是否存在未完成的订单）。

5.用户管理

（1）定义

为平台运营方提供对平台所有用户账号信息的查看、修改、添加、删除功能。

（2）特征

①用户账号管理提供了强大的搜索功能，可根据用户名、昵称、手机号快速查找用户账号。

②通过用户账号列表前的复选框可以一次删除（软删除）多个用户账号。

6.统计

（1）定义

包含销售订单统计、采购订单统计、物流订单统计、客户统计、用户统计，可按天、周、月、季度、年统计平台各级分站［区（县）、乡（镇）、村］的采购订单笔数、采购金额、销售订单笔数、销售金额、物流订单笔数、物流订单金额，所有订单总数量、所有订单总金额，直观的数据报表为平台运营方实时了解平台的运营情况提供了详细的数据支持。

（2）特征

①可在指定日期时间段内按指定（天、周、月、季度、年）粒度对平台各级分站［区（县）、乡（镇）、村］采购订单笔数、采购金额、销售订单笔数、销售金额、物流订单笔数、物流订单金额，所有订单总数量、所有订单总金额统计汇总。

②实时统计平台注册客户总数，注册客户类型（采购商、供应商、配送商）分项统计及占比。

③实时统计平台用户总数，用户岗位类型（财务、采购员、配送员、销售员）分项统计及占比。

④实时统计平台用户在线用户数及用户岗位类型（财务、采购员、配送员、销售员）分项统计及占比。

⑤统计结果可导出为 Excel 文件供其他数据分析系统使用。

7. 客服

（1）定义

为平台运营方提供在线 Web 即时通信功能，实现对平台运营方和平台客户入驻前咨询和入驻后使用培训及故障上报、技术支持、业务开通办理的通信支持。

（2）特征

①访客信息备注（姓名、电话、备注）方便记录访客信息。

②访客分组功能方便分组管理大量访客。

③支持历史消息查看和搜索。

④支持发送表情图标、文字、图片、文件、语音（需要浏览器支持）。

⑤支持多个客服，客服间可互相转移会话。

8. 权限管理

（1）定义

将各功能模块的子功能操作按功能模块分组列出，通过创建角色然后按角色职责分配给各个功能模块及子模块的访问操作权限，实现不同用户角色拥有其特定的功能操作界面,从而实现权限的划分和界面的简洁化。

(2)特征

灵活的角色管理可根据用户不同角色为用户呈现不同的操作界面,用户体验感好。

9. 分类管理

(1)定义

为平台运营方提供对平台产品公共分类库的添加、删除、修改、客户自定义分类审核操作。

(2)特征

①云端分类库为用户提供了基本的产品分类信息,方便用户按分类管理产品信息。

②自定义分类审核机制保证了平台分类的规范性。

③分类管理可按层级添加分类,删除分类、编辑修改分类。

④分类审核可查看用户提交的待审核分类的品类名称、品类描述、公司名称、经营范围、企业负责人、业务联系人。

10. 基础设置

(1)定义

包含节点管理和团队管理,实现对运营管理系统角色权限管理中的各功能权限子节点进行添加、修改、删除操作,添加、修改、删除运营团队管理人员及其管理的分站的对应关系。

(2)特征

①节点管理可以按层级分组添加功能权限子节点。

②团队管理中一个运营管理人员可以管理多个分站。

11. 支付管理

(1)定义

包含通道管理,为平台运营方对第三方支付结算接口进行统一接入管理,对是否允许线下汇款交易进行统一管理。

（2）特征

①目前平台支持微信支付、支付宝支付、三峡银行网银支付、工商银行网银支付四种线上支付方式。

②通道管理可统一关闭和开启平台是否允许使用线下现金及汇款交易。

③第三方支付结算接口一次开发接入完成后，在通道管理中开启该支付通道后全平台客户都可以使用此支付接口，平台客户不需要再单独开发支付接口，降低了支付接口的开发接入成本。

④通道管理可按分站统一关闭和开启平台的第三方支付接口。

⑤线上第三方支付平台的引入可为平台用户交易提供担保、自动清分结算、信用贷款等金融赋能支持。

12. 通知管理

（1）定义

包含平台运营通知发布、通知跟踪、系统消息管理。平台运营通知发布和通知跟踪为平台运营方向平台客户发送平台重要通知公告信息，并跟踪通知的接收阅读情况；系统消息管理可配置平台向平台用户提供实时消息提醒（有新订单、订单需确认收货等）的消息发送策略规则。

（2）特征

①平台运营通知提供丰富的通知模板，支持通知在线编辑及保存草稿。

②平台运营通知可按客户分组发送、按分站发送、按设定时间点发送。

③平台客户查看运营通知后会反馈给通知跟踪，平台运营管理人员可在通知跟踪中查看通知被客户查看情况（哪些客户在什么时间已查看确认，还有哪些客户没有查看确认通知）。

④运营通知和系统消息都可支持向业务管理系统 Web 端和前端 App 发送，并可在 Web 端和前端 App 查看通知内容和系统消息内容。

⑤系统消息采用长链接机制实时发送和接收,客户端不需反复刷新和请求。

13.站点管理

(1)定义

为平台运营方提供按区(县)、乡(镇)、村行政区划分级,统一管理平台业务运营。

(2)特征

①可按区域(行政区划)、按状态(启用、禁用)、按名称搜索查询分站。

②在站点列表中可对分站进行启用、禁用、配置、添加子站、编辑、删除操作。

③在站点配置中可对分站的 App 首页、App 历史版本、上传 App、App 登录注册、App 引导页、App 启动页、PC 端 Logo、PC 端登录注册、统计平台 Logo、统计平台地图、大数据平台设置进行配置。

④在站点编辑中可对分站的站点名称(不可重复使用站点名称)、运营管理系统自主域名、业务管理系统自主域名、联系人、联系电话、描述进行修改。

⑤子站只能查看和管理子站自己的业务功能(客户、用户、统计、订单等),父级站点可以查看和管理所有子站及子站的所有子站业务功能。

(八)公共监管系统

1.系统简介

服务于大足区涉农主管部门,实时采集辖区内生产主体信息、生产规模、产销动态、灾情病害等信息的公共服务系统,是生产者实时了解政策动态和进行补贴申报的渠道,是"产、销、管、服"无缝融合、高效互动的工具。

2. 业务逻辑

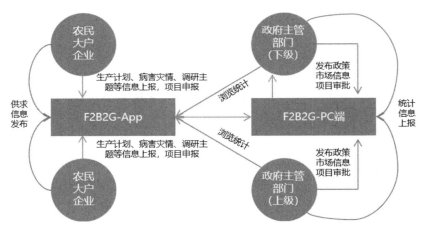

3. 技术架构

应用层	F2B2G-App端		F2B2G-PC端	
业务层	农业规模　产品销售　补贴政策　灾情防控　接口管理　任务管理 市场行情　农业政策　生产上报　信息发布　消息队列　日志管理			
中间层	核心数据处理引擎			
处理层	流程管理　数据过滤　数据交换　操作审计　安全管理　鉴权管理 消息队列处理引擎　　　　数据查询处理引擎			
数据层	农业农村大数据基础平台			

4. 系统主要功能模块

系统主要功能模块包括产品、统计、价格、分类、站点、信息发布(生产规模、产品销售、市场行情、农业政策、补贴审批、灾情防控、生产上报)6 个模块。

(1)产品管理

①定义:包含产品销售,以监管者视角按监管者定义的大分类对监管者所在分站平台产品销售及库存数据进行集中汇总展示,为监管者对所属分站辖区内的农产品的产、销、存情况提供直观的数据展示。

②特征：

a. 按监管者定义的大分类对监管者所在分站平台产品销售及库存数据进行集中汇总展示。

b. 可展示大分类下产品的销售总额、本月销售、销售量、新增、库存、增量。

c. 提供存量销量增量对比图。

d. 提供存销情况表展示大分类下各品种的存量、销售、增量。

（2）统计

①定义：包含订单统计、库存统计、价格统计、生产规模统计，为产品销售、市场行情、生产规模功能模块展示数据提供数据来源支持。

②特征：

a. 可在指定日期时间段内按指定（天、周、月、季度、年）粒度对平台各级分站［区（县）、乡（镇）、村］采购订单笔数、采购金额、销售订单笔数、销售金额、物流订单笔数、物流订单金额，所有订单总数量、所有订单总金额统计汇总。

b. 可在指定日期时间段内按指定（天、周、月、季度、年）粒度对平台各级分站［区（县）、乡（镇）、村］的产品库存信息进行统计汇总。

c. 可在指定日期时间段内按指定（天、周、月、季度、年）粒度对平台各级分站［区（县）、乡（镇）、村］上报的生产规模信息进行统计汇总。

（3）价格管理

①定义：包含市场行情，为市场监管者提供其所属分站内产品的交易价格变动信息，方便监管者实时掌握其分站内各产品的实时行情，以便及时出台相应的管控措施。

②特征：

a. 可在行情变动数据列表中按关键词（品类、品种名称）类型（一级批发、原产地）查询筛选行情数据。

b. 在行情变动数据列表中查看品种名称、原产地、价格变动日期、当前成交价，上次成交价，是否关注等信息。

c.可以对关系国计民生的重要产品的价格行情设置"关注",设置关注后的产品价格变动会发送系统消息提醒监管者。

（4）分类管理

①定义：包含分类聚合，平台提供的分类全面、层级复杂、细小子分类数量繁多，对于监管者来说太过繁杂，监管者从市场宏观角度出发，需要按照监管者的角度对细小子分类进行聚合，方便宏观统计分析。

②特征：

a.可实现跨分类聚合子分类。

b.可将单一产品或者多个产品直接加入聚合分类。

c.聚合分类可二次编辑修改。

（5）站点管理

①定义：为市场监管者提供按区（县）、乡（镇）、村行政区划，分级统一管理市场监管业务。

②特征：

a.可按区域（行政区划）、状态（启用、禁用）、名称搜索查询分站。

b.在站点列表中可对分站进行启用、禁用、配置、添加子站、编辑、删除操作。

c.子站只能查看和管理子站自己的业务功能（产品销售、生产规模、市场行情等），父级站点可以查看和管理所有子站及子站的所有子站业务功能。

（6）信息发布

①定义：包含生产规模、农业政策、补贴审批、灾情防控、生产上报，为监管者提供生产规模按地图区域展示，生产信息上报审核、农业政策信息发布、补贴审批、灾情信息查看等功能。

②特征：

a.生产规模。以交互式地图的方式通过点击大足区内各镇、乡、村所在的地图区域后自动在地图右侧的数据显示区显示：桑园的数量、面积（亩）、产量，桑蚕养殖共同体个数,桑蚕养殖车间个数,车间蚕蛹产量、产值,桑蚕加工企业个数、企业规模(年产值)、员工人数,桑蚕行业从业人数、从业人员人均收入。

b.农业政策。监管者在此发布最新的桑蚕行业有关政策信息,并可以论坛跟帖回帖的方式回答平台用户对具体政策的咨询。

c.补贴审批。监管者可通过补贴申请信息列表对补贴申请进行查看审批,补贴申请列表可根据申请标题、补贴类型、申报人、提交时间、审核状态进行筛选搜索。

d.灾情防控。监管者可查看灾情信息列表查看灾情类型、灾情等级、上报人、发生地点、现场图片、视频、提交时间,点击查看可查看该灾情信息的详细情况(灾情类型、灾情等级、上报人、发生地点、现场图片、视频、提交时间、灾情描述)。

e.生产上报。监管者可查看待审核生产上报信息列表中的生产上报信息(产品名称、所属品种、生产规模、预估产量、上市时间、原产地、状态),点击可查看详情(产品名称、所属品种、生产规模、预估产量、上市时间、上报人、上报内容、原产地地址、图片、视频),核对生产信息无误后可审批通过此生产上报信息。

二、管理云平台 App

(一)系统简介

App 作为项目移动端用户操作界面,为用户提供了产品管理、价格管理、订单管理、客户管理、即时通信、信息上报、财务管理等功能,方便用户随时随地和客户进行沟通并快速处理交易信息,减少交易中间环节,缩短交易时间,提高交易效率。

（二）系统主要功能模块

系统主要功能模块包括产品、订单、仓储、采购、客户、配送、财务、统计、客服、第三方 IM 通信、价格、分类、支付、信息发布 14 个模块。

1. 产品管理

①定义：包含产品品牌管理、品类管理、产品管理、价格管理，通过云端品牌库、品类库及品牌、品类信息的发布审核机制，方便用户通过云端库快速添加品牌、品类信息，对用户自定义的品牌、品类信息平台通过审核机制可确保品牌品类信息的规范性，为农产品质量分级提供统一的标准，促进交易规范化。

②特征：

a. 丰富的云端品牌库、品类库方便用户快速规范地添加品牌、品类信息。

b. 对用户自定义的品牌、品类、产品信息平台通过审核机制可确保产品信息的规范性，为农产品质量分级提供统一的标准，促进交易规范化。

c. 快捷导入功能能快速从供应商处导入产品。

2. 订单管理

①定义：包含销售单、采购单、物流单、配送单，统一的订单管理可方便客户随时随地快速实现订单确认、订单修改、订单发货、订单配送、订单完成操作。

②特征：

a. 可根据待确认、待收款、待发货、待完成、全部五种订单状态快速分类查看订单。

b. 丰富的订单状态支持（待卖家确认、待买家确认、待支付、待收款、待发货、出库中、待收货、待完成、已完成、已取消、已回收）能全面反映和处理订单在双方交易过程中的多种状态。

c. 订单在买卖双方没有都确认的情况下可以反复修改，方便交易双方实现议价、议量的农产品特殊交易模式，促进农产品交易的达成。

3. 储管理

①定义：包括出库、入库、库存查询和管理，在 App 端快速完成产品的出库入库、产品库存查询、管理锁定库存、安全库存、虚拟库存。

②特征：

a. 支持按产品名称搜索查看产品库存和修改管理锁定库存、安全库存、虚拟库存。

b. 支持手机端查看出入库记录。

c. 支持手机端创建出库入库单，完成出库入库操作。

4. 采购管理

①定义：包含常规采购、一键采购，实现在手机端创建采购计划和根据销售订单的产品列表（产品库存是虚拟库存，或者可用库存不足）实现一键创建采购计划。

②特征：

a. 常规采购可根据供应商、产品名称搜索选择产品创建采购计划，并且支持采购汇总。

b. 一键采购可通过待采购订单产品列表快速完成采购计划创建，提升采购效率。

c. 一键采购支持组合下单。

5. 客户管理

①定义：包含供应商管理、采购商管理、物流商管理，用户可通过此模块实现发起客户关系建立申请，审批收到的客户关系建立申请，管理已建立的客户关系（解除及分组管理），添加和删除临时客户。

②特征：

a. 通过扫一扫功能可以快速完成客户添加。

b. 相互确认的客户关系建立过程保障了客户关系建立的私密性和安全性。

c.灵活的临时客户添加功能为建立和管理临时客户交易信息提供了便利。

d.解除客户关系时系统会自动审查双方是否有未完成的订单,如有未完成的订单则提示双方还有未完成的订单解除关系失败,可确保交易双方的交易完成。

6.配送管理

①定义:包括物流订单、配送工单、配送订单三个子功能模块,可为供应商提供自有物流配送管理(司机姓名、联系方式、车牌、车型、配送线路、配送物品清单确认)功能及第三方物流配送管理,为平台第三方物流商提供物流配送管理。

②特征:

a.配送线路功能将位置相近的采购商仓库划归在同一线路内,提高了配送效率。

b.一条配送线路可以支持多辆配送车辆。

c.一辆配送车可以支持多个司机。

7.财务管理

①定义:包含应付货款、应收货款、付款管理、收款管理,实现在手机端对销售订单进行收款、对采购订单进行付款。

②特征:针对农产品交易资金往来的特殊要求提供现付、到付、账期、分期四种结算方式。

8.统计

①定义:包含营收简报、营收趋势、数据统计,可按今日、本周、本月统计营收、销售收入、采购支出、库存总额,以折线图的形式反应收款金额、付款金额、订单效率在一周内的变化趋势,直观的数据统计报表为用户通过 App 实时了解经营状况提供了方便。

②特征：

a. 可按今日、本周、本月统计营收、销售收入、采购支出、库存总额订单总数量、订单总金额等进行统计汇总。

b. 以折线图的形式反映收款金额、付款金额、订单效率在一周内的变化趋势。

c. 数据统计中支持对客户统计、产品统计、订单统计、财务分析进行按天查询、按周查询、按月查询。

9. 客服

①定义：为平台客户提供手机端即时通信功能，实现售前咨询和售后处理沟通跟进服务，方便平台客户间交流，促进双方达成交易。

②特征：

a. 访客信息备注（姓名、电话、备注），方便记录访客信息。

b. 访客分组功能，方便分组管理大量访客。

c. 支持历史消息查看和搜索。

d. 支持发送表情图标、文字、图片、文件、语音、视频。

e. 支持语音通信和视频通信。

f. 支持多个客服，客服间可互相转移会话。

10. 第三方 IM 通信模块

①定义：包含 Web 端 IM 通信 SDK、PC 端 IM 通信 SDK 、安卓端 IM 通信 SDK、苹果端 IM 通信 SDK，为平台的客服服务和客户间一对一交流提供即时通信功能支持，是客服模块的通信基础。

②特征：

a. 支持聊天记录查看和搜索。

b. 支持发送表情图标、文字、图片、文件、语音、视频。

c. 支持语音通信和视频通信。

d. 支持聊天记录云端保存。

e. 支持离线消息接收。

f. 支持会话转接。

g. 支持多人聊天。

11. 价格管理

①定义：对产品价格在前端 App 实现按照客户分组、购买量分阶段报价，根据毛利率统一调整所有产品价格、基于现价统一调整所有产品价格。

②特征：基于毛利率和价格的一键调价功能，方便用户快速调整产品价格，非常适合农产品价格，变动快的行业特性。

12. 分类管理

①定义：平台为用户提供基本的云端产品分类库，方便用户按照分类添加产品和搜索产品信息，用户可通过前端 App 添加自定义产品分类上传至运营平台审核通过后，可使用自定义产品分类。

②特征：

a. 云端分类库为用户提供了基本的产品分类信息，方便用户按分类管理产品信息。

b. 自定义分类审核机制保证了平台分类的规范性。

13. 支付模块

①定义：包含收款账户管理，支付通道管理，在前端 App 中实现业务管理系统中的账户管理功能。

②特征：

a. 平台支持微信支付、支付宝支付、三峡银行三峡付支付、工商银行网银支付四种线上支付方式。实际中可依据实际情况对接多家银行或第三方支付。

b. 收款账户支持添加除用户开通的第三方线上支付账户外，还可以添加其他银行的收款账户。

14. 信息发布

①定义：包含农业政策、补贴申报、灾情上报、生产上报，为平台用户在前端App中实现农业政策查看与咨询、补贴申请、灾情上报、生产上报。

②特征：

a. 农业政策：监管者发布最新的桑蚕行业有关政策信息后，平台用户可在前端App中查看，并可以论坛跟帖的方式向监管者咨询对政策的疑问。

b. 补贴申报：监管者发布补贴申报公告后，平台用户可在前端App中查看补贴申报公告，按公告要求准备相关资料并提交补贴申请至公共监管系统。

c. 灾情上报：平台用户可在前端App中通过灾情上报提交灾情信息至公共监管平台（灾情类型、灾情等级、上报人、发生地点、现场图片、视频、提交时间、灾情描述）。

d. 生产上报：平台用户可在前端App中通过生产上报提交生产信息（产品名称、所属品种、生产规模、预估产量、上市时间、上报人、上报内容、原产地地址、图片、视频）至公共监管系统。

三、可视化大数据管理系统

（一）系统简介

该系统以项目运行数据（用户信息、订单交易信息、物流配送信息、仓储信息、分拣信息、清分结算信息等）为基础结合其他数据来源，以交互式图表的形式在数据大屏上直观展示桑蚕产业的整体数据面貌（各子产业的空间地理位置分布、产业资金规模及各项资金占比、上下游资金流量、流向、产品销售流向、历年产能、产能预估、价格走势、从业人员构成及分布），为桑蚕产业从业者的经营决策提供数据支持，为政府监管部门全面掌控区域内的桑蚕产业发展现状、产业链瓶颈及未来发展规划提供分析预测数据模型。

系统支持通过简单的操作就能实现报表的构建。例如拖拽、右键菜单和工具条,利用丰富的组件库、事件库等,通过这些熟悉且直观的交互方式,快速构建分类、钻取、旋转的交叉表和图形报表。

(二)系统主要功能模块

系统主要功能模块包括用户、数据采集、数据分析、数据展示4个模块。

1. 用户模块

①定义:包含账号管理和分站管理,通过用户账号登录权限验证实现按分站行政区划分级展示大数据可视化界面。

②特征:

a. 分站只能查看和管理分站或子分站的可视化大数据展示。

b. 分站管理员可在账号管理中创建和管理子分站管理员账号。

c. 一个分站可以对应多个管理员,一个管理员只能对应一个分站。

2. 数据采集模块

①定义:包含数据库网络连接采集、FTP数据文件下载采集(csv、xlsx、xls文件格式)、WebAPI请求采集,数据文件导入(csv、xlsx、xls文件格式),为可视化大数据管理系统提供丰富的数据来源,为大数据分析提供大量的基础数据。

②特征:

a. 数据库网络连接采集支持多种主流数据库(MySQL、SQLServer、Oracle、Postgresql、Sybase、DB2)。

b. FTP数据文件下载采集支持FTP身份验证。

c. WebAPI请求采集支持基于Ouath2.0的身份验证。

d. 数据文件导入支持超过2G小于10G的单个大文件导入。

e. 数据采集系统采用MySQL作为存储数据库。

3. 数据分析模块

①定义：包含数据治理和数据分析，对数据采集模块采集来的海量数据经过预先设置的数据治理规则，对海量数据进行清理、整理和提取后存入数据分析数据库中，根据业务需求导向对数据进行分析统计，并将分析结果保存至数据展示数据库中。

②特征：

a. 数据治理和数据分析采用 MySQL + MHA 集群方案（有效解决脑裂问题），由 4 台（16VPC,32G 内存）阿里云服务器组成高性能、高可用集群，为数据治理和分析提供强大的并行计算支持，缩短大数据治理和分析的处理时间。

b. 数据治理可通过数据治理向导，配置灵活的数据治理策略，满足多种数据治理需要。

c. 治理任务可对数据治理向导配置的治理策略进行管理，列表查看策略名称、描述、计划执行时间、是否重复执行、是否正在执行、是否启用，对策略进行中断、修改、停用、启用，删除操作。

d. 治理记录以列表的形式记录显示治理策略的策略 ID、名称、描述、开始执行时间，执行完成时间、执行结果。数据分析可通过数据分析向导，配置灵活的数据分析策略，满足多种数据分析需要。

e. 分析任务可对数据分析向导配置的分析策略进行管理，列表查看策略名称、描述、计划执行时间、是否重复执行、是否正在执行、是否启用，对策略进行中断、修改、停用、启用，删除操作。

f. 分析记录以列表的形式记录显示分析策略的策略 ID、名称、描述、开始执行时间、执行完成时间、执行结果。

4. 数据展示模块

①定义：包含用户登录、图表面板配置向导、面板管理，通过丰富的图表生动形象地展示数据分析的结果，方便观看客户直观理解数据分析结果。

②特征：

a. 通过用户账号登录权限验证实现按分站行政区划分级展示大数据可视化界面。

b. 用户可通过图表面板配置向导创建自定义图表面板，每个用户最多可定义 10 个图表面板。

c. 使用可视化编辑器，所见即所得，拖拽生成可视化页面，轻松编辑，不写代码。

d. 提供 65 种以上基于百度 ECharts 和 D3 的可视化图表，以及 10 种以上过滤组件，支持专业的 GIS 可视化效果和自定义图表效果，充分满足多样化的可视化需求。

e. 面板管理可对自定义面板进行，修改、删除、生成对外发布链接操作。

四、产业赋能服务管理系统

通过引入和对接第三方平台或机构实现以下产业赋能服务：

①农技农资。

②仓储物流。

③担保保险。

④电子税务。

⑤金融服务。

⑥电子合同。

⑦土地流转。

⑧其他服务。

五、农事管理系统

（一）系统简介

将物联网技术应用于养蚕过程中，实施养蚕环境网络实时监控和调控，对蚕室室内气温、湿度、光感等变化做到及时控制，同时根据室内突发问题，可以追溯原因。系统首先从智能化监控管理入手，通过在桑园以及各个蚕室部署智能物联网设备，实现对桑地环境、蚕室环境的实时、自动、精准监控，将以前耗费大量人力物力完成的日常环境监测事务交给系统自动完成。

比如，通过物联网设备自动监控每个蚕室的空气温湿度，工作人员通过手机或电脑，就能够查看各个蚕室的空气温湿度；同时可以根据蚕室的最佳温度进行预警设置，如当蚕室的温度低于设定的20℃时，蚕室管理员手机则会收到相关蚕室的低温预警信息，进而可以及时采取增温措施，避免因持续低温造成损失。

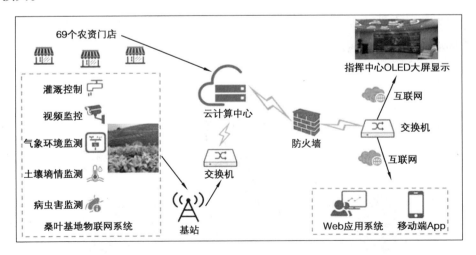

在桑园运用物联网和云计算技术构建农事管理系统,提供桑园环境信息智能感知、可靠传输、自动气象站、土壤墒情站、病虫害预警与远程诊断等服务,全面提升桑园园区的信息化水平,实现桑园园区的高产、优质、高效、生态、安全和可持续发展。

(二)系统主要功能模块

系统主要功能模块包括气象监测、土壤墒情监测、虫情监测、杀虫防治、桑园实时监控监测、蚕室环境监测、蚕室环境控制、蚕室监控监测、数据展示中心、农事管理 App 10 个模块。

1. 气象监测

①定义:自动气象站通过搭配不同类型的智能型传感器,可以实时采集户外的空气温湿度、光照、风速、风向、雨量等环境参数。方便管理人员利用农业气象站实现对这些农业气象要素的监测和记录,为接下来的各项农业生产工作做好安排,以更加精细化的方式开展工作,提高生产作业效益,以确保桑叶生产增产增质增收。气象站可以辅助相关部门对灾害天气如干旱、洪涝、低温、霜冻等做出及时报警,减少灾害天气带来的经济损失。为农业生产提供先手农业气象环境资料,有助于数据的累积、分析。

②特征：

a. 气象站实时数据界面。

b. 气象站实时数据曲线图界面。

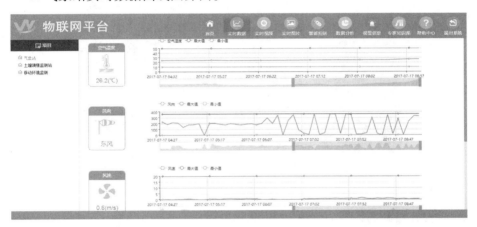

c. 气象站历史数据分析界面。

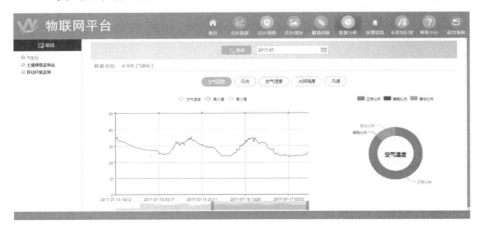

2. 土壤墒情监测

①定义：主要负责采集土壤环境信息，包括土壤水分、土壤温度、土壤氮磷钾、土壤盐分等土壤环境信息，做到实时监控土壤的墒情情况，种植人员只需要根据土壤墒情监测数据就可以确定当前土壤的干旱情况以及农作物是否缺水，从而在第一时间对农作物进行浇水灌溉，能够有效地避免农作物旱情的发生，提高桑园抗旱管理水平，保证农作物健康生长。让整个灌溉更加合理。

②特征：

a. 符合最新的《土壤墒情监测规范》。

b. 实时监测土壤水分，各监测点可灵活进行单路测量或多路剖面测量。

c. 土壤水分超过预先设定的限值时，立刻上报告警信息。

d. 可扩展土壤温度、电导率、pH 值以及地下水参数、气象参数等监测功能。

e. 数据采集、存储频率可灵活调整，可远程设置监测设备工作参数。

f. 远程监测设备只在采集数据时才给传感器供电，一方面节约了能源，另一方面避免了因长期供电导致土壤物理性质变化所形成的测量误差。

g. 可同时将监测数据上报至多个中心。

h. 具备远程设备维护功能，可扩展远程拍照功能。

i. 具备监测数据、报警数据的统计、分析功能，数据报表可导出、打印输出。

j. 具备 GIS 功能，可在地图上显示各监测点的详细分布位置。

k. 监测系统软件支持通过 OPC 接口与其他系统对接。

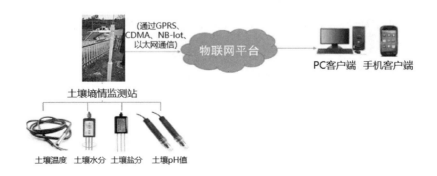

3. 虫情监测

①定义：虫情监测站利用现代光、电、数控技术、无线传输技术、物联网技术，构建出一套害虫生态监测及预警系统。该系统集害虫诱捕和拍照、环境信息采集、数据传输、数据分析于一体，实现了害虫的诱集、分类统计、实时报传、远程监测、虫害预警和生物防治指导。

②特征：

a. 远程拍照式虫情测报灯是新一代的虫情测报工具，该灯采用不锈钢材料，利用现代光、电、数控技术，实现虫体远红外自动处理、接虫袋自动转换、整灯自动运行等功能，在无人监管的情况下，能自动完成诱虫、杀虫、收集、分装、排水等系统作业。

b. 远程拍照式虫情测报灯可对昆虫的发生、发展进行实时自动拍照、实现图像采集和监测分析，自动上传到远端的系统，满足虫情预测预报、采集标本的需要。

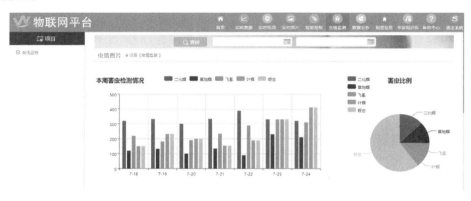

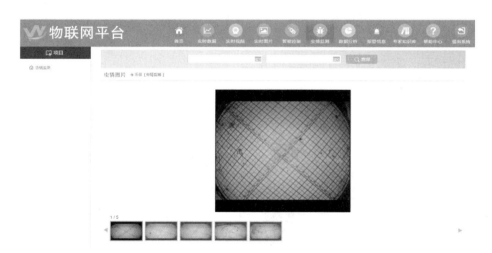

c. 智能虫情识别分析。通过远程虫情自动采集设备全天候的监测，监测数据自动采集自动记录，形成虫害数据库。通过昆虫模型智能云计算分析掌握田间虫情变化信息，实时再现了不在现场也能随时监控预警田间害虫发生情况，有效地提高了各种农作物虫情测报的科学性、准确性、时效性，为病虫害防治决策的制定提供了重要依据。

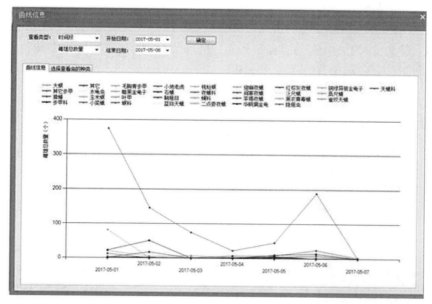

4. 杀虫防治

①定义：物联网杀虫灯实现夜晚电杀趋光性害虫。

②特征：

a. 可以在平台查看点击次数来判断在一定时期内病虫害的密度。

b. 结合虫情测报灯相互配合来判断在什么时间、使用什么生物防治。

5. 桑园实时监控监测

①定义:作为数据信息的有效补充,基于网络技术和视频信号传输技术,对桑树生长状况和健康状况进行全天候视频监控。

园区视频采集

高清枪机

高清球机

园区种植实时监控

②特征:

a. 根据用户权限进行远程图像访问,实现多点、在线、便捷的监测方式。

b. 实时查看基地视频监控图像,摄像头可旋转,拍摄多角度视频图像。

c. 实时查看园区内安全状况和农作物长势以及农事作业。

6. 蚕室环境监测

①定义:小蚕共育室用于集中饲养 1 龄蚕和 2 龄蚕,饲养时间为 10 天左右,其中 1 龄蚕喜 30 ℃恒温,湿度 28%;2 龄蚕喜 28 ℃恒温,湿度 25%。小蚕共育室环境监测主要由远程智能采集终端和各种智能型传感器组成,特别适用于小蚕共育室内小气候环境监测,通过搭配不同类型的智能型传感器,可以实时采

集小蚕共育室内的空气温湿度、二氧化碳浓度等环境参数。

②特征：

a. 可对单一传感器或一组多个传感器设置数据监测频度（1 分钟 1 次至 1 天 1 次）。

b. 监测数据实时上传至云端保存，可通过手机移动端、PC 网页端实时查看，并支持历史监测数据查询和数据导出。

c. 可对单一传感器或一组多个传感器的数值进行分时段阈值告警设置，告警信息可根据不同告警级别采用自动语音呼叫、短信提醒、移动端 App 消息提示等方式，向预先配置的一个或多个联系人员发送告警信息。

7. 蚕室环境控制

①定义：小蚕共育室环境智能控制单元由测控模块、配电控制柜及安装附件组成，通过数据传输模块与管理监控中心连接。根据小蚕共育室内空气温湿度、光照强度及二氧化碳浓度等参数，对环境调节设备进行控制，包括内遮阳、外遮阳、风机等设备。

②特征：

a. 空气温湿度传感器。

b. 光照传感器。

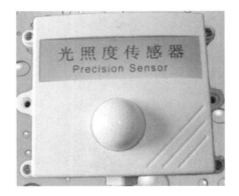

c. 二氧化碳传感器。

d. 硫化氢传感器。

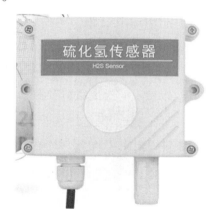

e. 氨气传感器。

8. 蚕室监控监测

①定义:在小蚕共育室的内部或大棚养蚕内部安装摄像头及控制平台和各类数据传感器。

②特征:

a.通过摄像头和传感器对共育室内部小蚕的生长情况和温度、湿度、二氧化碳和硫化氢等各类气体的浓度数据进行监控。

b.管理员在室内即可通过系统对摄像头的方向进行控制,全方位地实时查看共育室内作物的生长情况,以便及时提出决策和采取正确的处理措施。

c.通过摄像头对大棚养蚕的生长情况进行监控。

9. 数据展示中心

①定义:展示中心将对桑园"无死角、全监控"。桑园管理人员可通过办公PC 或 4G(5G)网络手机,根据权限浏览实时图像,调用录像资料。

②特征:

a.24 小时白天、夜间图像清晰可见。

b. 视频录像保存 30 天。

10. 农事管理 App

①定义:对农业园区空气土壤进行温度、湿度等环境监测功能,可以对桑园的设备进行远程控制。

②特征：

a. 对农业园区农作物出现的问题进行专家诊断，或从农作物知识库找到解决信息。

b. 显示农业气象信息，对农业园区进行全面管理和维护。

c. 当桑园任何一个监测参数超出设定范围以及其他报警时，短信应急报警系统会迅速将报警短信发给基地管理人员以及基地园艺师等若干相关人员，实现基地真正意义的"自动控制、无人值守、应急报警、有人干预"的控制原则。

六、质量全程溯源管理系统

（一）系统简介

采用顶层设计方法，构建农产品质量安全追溯管理统一平台，支撑区、乡/镇、村多层级使用，实现区内公众农产品质量安全追溯信息跨区域、零距离查询的创新业务模式。建成功能强大、实用的农产品质量安全追溯系统，实现以标识为载体、以信息化为手段、技术标准统一、运行模式规范的农产品生产信息查询、流向追踪、责任追溯，面向生产企业、加工企业、仓储企业、物流企业、销售终端和消费者的实时追溯管理系统。

系统由"1库4平台"构成，包括农产品质量安全追溯信息数据库、政府监管平台、企业管理平台、公众信息查询平台、数据分析平台。

（二）系统主要功能模块

系统主要功能模块包括产品生产管理、产品加工管理、产品检测管理 3 个模块。

1. 产品生产管理

①定义：产品生产管理包括生产农户管理、生产人员管理、生产基地管理、生产田地设置、农事项目管理、生产信息管理、加工准入申请、产品信息管理 8 个主要功能点。

②特征：

a. 生产农户管理。生产农户管理是指管理员对生产农户的管理配置,基本信息包括农户编号、农户名称、农户类型、审核状态、是否加工、是否检测、创建时间及操作(详情、授权、删除)。

b. 生产人员管理。生产人员管理是指管理员对生产操作人员的管理配置,基本信息包括人员类型、人员姓名、人员电话、登录名、状态、创建时间及操作。

c. 生产基地管理。生产基地管理是指管理员对生产基地的管理配置,基本信息包括基地名称、基地地址、创建时间及操作。

d. 生产田地配置。生产田地配置是指管理员对生产田地的管理配置,基本信息包括田地名称、地理位置、海拔高度、酸碱度、创建时间及操作。

e.农事项目管理。农事项目管理是指管理员对农事项目的管理配置,基本信息包括农户名称、生产项名称、状态及操作(编辑、删除)。

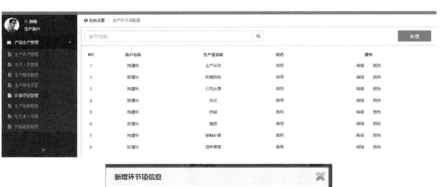

f. 生产信息管理。生产信息管理是指管理员对生产信息的管理配置,基本信息包括产品名称、产品编码、开始时间、结束时间、农事活动。

通过绑定物联网场景的信息来得到生长记录区曲线和图片、视频等信息。

g. 加工准入申请。加工准入申请是指管理员对加工准入的配置管理,基本信息包括准入卡号、产品名称、产品数量、审核状态、申请时间及操作(查询、删除)。

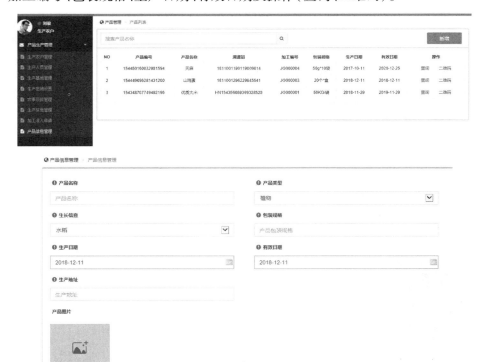

h.产品信息管理。产品信息管理是指管理员对产品信息的配置管理(备注:针对不需要加工环节的产品),基本信息包括产品编号、产品名称、溯源码、加工编号、包装规格、生产日期、有效日期及操作(查询、二维码)。

2. 产品加工管理

①定义：产品加工管理包括工厂信息管理、加工人员管理、加工环节管理、采购信息管理、入库记录信息、出库记录信息、加工车间管理、产品加工管理、产品信息管理9个功能点。

②特征：

a. 工厂信息管理。工厂信息管理是指管理员对工厂信息进行录入。

b. 加工人员管理。加工人员管理是指管理员对加工人员信息进行管理。

"新增"功能:点击【新增】按钮,进入页面,对新增操作人员的基本信息进行录入。

c. 加工环节管理。加工环节管理是指管理员对加工环节进行管理,原料信息包括工厂名称、生产项名称、状态及操作(编辑、删除)。

d. 采购信息管理。采购信息管理是指管理员对采购信息进行管理。采购信息包括准入卡号、生产农户、原料名称、采购数量、采购人员、采购时间及操作。

e. 入库记录信息。入库记录信息是指管理员对入库原料进行管理。入库原料信息包括采购批次、作物名称、入库数量、操作员、入库时间。

f. 出库记录信息。出库记录信息是指管理员对出库原料进行管理。出库原料信息包括采收批次、物品名称、出库数量、操作员、出库时间。

g. 加工车间管理。加工车间管理是指管理员对加工车间进行管理。加工车间管理信息包括工厂名称、车间名称、车间地址、申请时间及操作（编辑、删除）。

h.产品加工管理。产品加工管理是指管理员对加工过程进行管理。产品加工管理信息包括产品名称、加工编号、加工作物、加工数量、审核状态、审核人员、加工时间及操作(物联网场景、编辑、删除)。

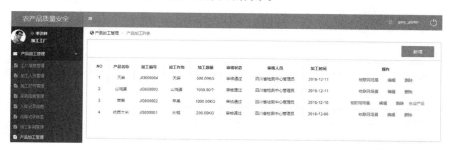

"新增"功能:点击【新增】按钮,进入新增界面,对加工信息进行管理。

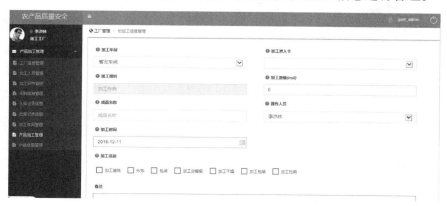

"编辑"功能:点击【编辑】按钮,进入编辑界面,对加工环节等信息进行编辑管理。

绑定加工的场景信息（需要展示车间图片、视频环境时绑定）。

绑定场景

加工产品：	天麻
加工环境：	暂无场景
加工视频：	暂无场景

保 存

完成加工环节并审核通过后点击生成产品。

i. 产品信息管理。产品信息管理是指管理员对产品信息进行管理。产品信息管理包括产品编号、产品名称、溯源码、加工编号、包装规格、生产日期、有效日期及操作（查询、二维码、销售区域）。

通常不用"新增"功能，直接在加工管理处生成产品。

3.产品检测管理

①定义：产品检测管理包括机构信息管理、机构工作人员、生产农户审核、生产信息审核、加工准入审核、加工工厂审核、加工信息审核7个功能点。

②特征：

a.机构信息管理。机构信息管理是指管理员对机构信息进行的配置管理。

b. 机构工作人员。机构工作人员是指管理员对项目下工作人员信息进行的管理。

新增了编辑功能,如下图所示:

新增操作员信息

* 人员姓名: [人员姓名]

* 登录账号: [登录账号]

* 登录密码: [登录密码]

* 联系电话: [联系手机号码]

* 身份证号: [身份证号码]

* 性别: ○男 ◉女

* 年龄: [0]

* 职位: [职位]

联系地址: [联系地址]

[保存]

c. 生产农户审核。生产农户审核是指管理员对项目下农户信息进行的审核管理。

生产农户信息审核

❶ 审核状态:

[审核通过 ▾]

审核备注:

[通过123]

[保存]

d. 生产信息审核。生产信息审核是指管理员对生产信息进行的审核。

e. 加工准入审核。加工准入审核是指管理员对加工准入进行的审核。

f. 加工工厂审核。加工工厂审核是指管理员对加工工厂进行的审核,基本信息包括工厂名称、工厂编号、组织机构代码、联系电话、法人、审核状态、申请时间及操作(审核、查询),并可根据审核状态进行筛选。

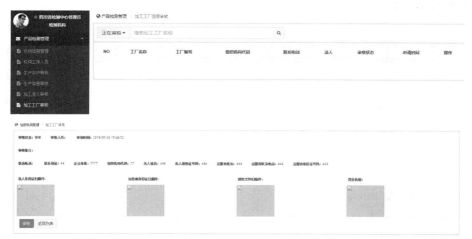

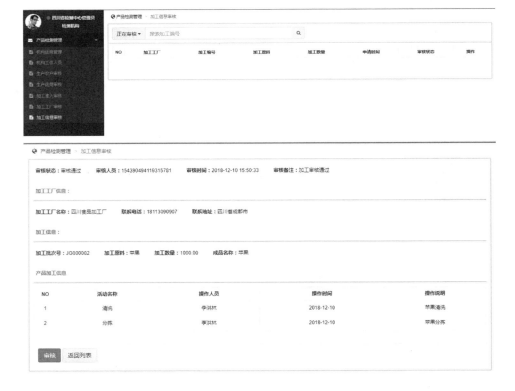

g. 加工信息审核。加工信息审核是指管理员对加工信息进行的审核。基本信息包括加工工厂、加工编号、加工原料、加工数量、申请时间、审核状态及操作(审核、查询),并可根据审核状态进行筛选。

七、硬件设备

(一)服务器

为减少项目机房建设及服务器、网络设备购买及运维等成本,本项目采用阿里云提供网络和计算支持。云计算平台主要由 4 台(16 V CPU 32 GiB 运行内存 200 G ESSD 云盘系统盘)云服务器、1 个[MySQL 5.7 高可用版本的 SSD 盘,8 核 32 G(通用型)数据存储空间 500 GB]云数据库、1 套(10 TiB)通用型 NAS 存储包、组成集群服务,可提供 500 兆外网访问带宽。

注:上述服务器为项目—管理云平台之配置。

(二)可视化设备

为充分发挥可视化大数据管理系统的效能计划,分别在区展示中心、示范镇、示范村各安装 1 套 49 寸 3×3 液晶拼接显示系统,直观展示可视化大数据管理系统的数据展示内容。

注:上述可视化设备为项目—管理云平台之配置。

项目—管理云平台软硬件设备及材料采购

序号	名　称	技术参数与参考品牌	单位	数量
一	供应链管理云平台			
1.1	软件			
（1）	大屏幕专用控制软件	华海专显 ZX-RJ001	套	1
1.2	硬件			
1.2.1	服务器			
（1）	阿里云数据库	MySQL 5.7 高可用版本地 SSD 盘,8 核 32 G（通用型）数据存储空间 500 GB	年	5
（2）	阿里云 NAS 存储包	地域:西南 1（成都） 可用区:成都可用区 A 存储规格:容量型 协议类型:NFS 生命周期管理:启用 生命周期管理策略:距最近访问 90 天以上 加密类型:静态加密 抵扣容量:10 TiB	年	5
（3）	阿里云服务器	计算型 16 V CPU 32 GiB 运行内存 200 G ESSD 云盘系统盘(4 台)	年	5
（4）	阿里云流量费用	100 000 G 流量使用费	GB	100 000
（5）	阿里云其他云服务	人脸识别、车牌识别、短信、交互语音识别	年	5
（6）	三果云服务器运维	安全加固,漏洞修复,容灾备份,业务负载分析扩容,7×24 h 业务保障	年	5

续表

序号	名　称	技术参数与参考品牌	单位	数量
1.2.2	可视化设备			
（1）	液晶拼接显示屏	华海专显49寸拼接系统报价单3×3 3.5 mm拼缝	套	3
1.3	材料			
（1）	可视化设备安装	包含在可视化设备采购中		
	小计			

49寸拼接系统设备及材料采购

项目名称	49寸拼接系统报价单3×3 3.5 mm拼缝		项目整体尺寸	宽（3 231 mm）×高（1 822.8 mm）×厚（200 mm）
项目规格	3行3列			
序号	产品名称	产品主要参数	制造商	产品型号	数量
显示主体	49寸液晶拼接屏	1. 49寸原装A+液晶面板,支持高清显示 2. 尺寸:1 077 mm（H）×607.6 mm（V） 3. 对比度:4 000:1 4. 亮度:≥500 cd/m²;LED背光（直下式） 5. 双边缝隙:3.5 mm 6. 分辨率:1 920（h）×1 080（v） 7. 显示色彩:全彩16.7M色 8. 可视角度:178°（横向和纵向） 9. 响应时间:8 ms 10. 使用寿命:60 000 h以上	华海	ZX490H-S1	9

续表

序号	产品名称	产品主要参数	制造商	产品型号	数量
显示主体	图像处理器内置	内置 ZX-2000A 高清图像拼接处理模块,独特的嵌入式结构设计,自主研发,采用飞利浦主芯片,支持365天24小时不间断工作,带全视频接口,色彩无偏差,低音降噪	华海	ZX490H-S1	9
配件工程	视频处理器	支持 1 路 HDMI 信号输入,12 路 HDMI 信号输出,EDID 处理,面板/红外/RS-232 控制	华海专显	ZX-HDMI0112	1
	大屏幕专用控制软件	大屏幕控制软件,具有国家计算机软件著作权,支持后期升级 1. 系统软件具备远程联网功能,可以实现一键拼接功能,方便使用 2. 实现对多种信号源定义、调度和管理 3. 实现任意信号源窗口模式组合的定义、编辑 4. 实现自定义多种显示模式灵活调用 5. 支持多点远程控制 6. 支持硬件设备控制模块插件,可不断扩充系统功能,用户设备管理 7. 全中文操作界面,界面友好,简单易用	华海专显	ZX-RJ001	1

续表

序号	产品名称	产品主要参数	制造商	产品型号	数量
配件工程	定制壁挂液压支架	1. 根据现场定制设计,由主架、附架及连接配件组成,全部钢材构架,主架起支撑、稳固作用,附架起安装、维护作用,提供拼接图纸 ★2. 大屏幕拼接后总体平整,整墙屏幕不应有凸凹不平现象,屏幕表面无任何金属钩针、无金属包边、无螺丝钉、无钢针等影响美观的辅助材料,平整精度误差≤0.5 mm,并已完全包含屏幕的热胀冷缩导致的伸展	华海专显	定制	9
	大屏投屏显示电脑	联想(Lenovo)ThinkStation P320/P330 图形工作站塔式电脑主机台式机【P330】I3-9100 4核3.6 GHz 8G ｜ 1T P400 2G	联想	P330	1
	大屏专用线材	视频信号连接线(视频线、HDMI、VGA线、网线)≤10 m	华海	华海	9
安装运输	物流运输费	物流运输价格=易碎品物流费+保险费+木架费	华海指定物流		9
	保险费	物流运输报价(保碎、保损、保丢)			
	安装施工费	安排1~2位技术部工程师现场指导安装调试及培训	安装+差旅+售后		1

全国蚕桑统一大市场管理运营系统结构

一级系统	二级模块
管理云平台	供应链管理云平台业务管理系统
	供应链管理云平台运营管理系统
	供应链管理云平台公共监管系统
	管理云平台 App
	可视化大数据管理系统
	技术开发管理
	接口赋能服务管理系统
	蚕桑种植农事管理系统
	质量全程溯源管理系统
	服务器、可视化等硬件设备
业务管理系统	产品模块
	订单模块
	仓储模块
	采购模块
	客户模块
	用户模块
	分拣模块
	配送模块
	财务模块
	统计模块
	客服模块
	合同模块
	工作流模块
	权限模块
	价格模块
	分类模块
	系统配置模块

续表

一级系统	二级模块
运营管理系统	产品模块
	订单模块
	客户模块
	用户模块
	客服模块
	权限模块
	价格模块
	分类模块
	系统配置模块
	支付模块
	通知模块
	站点模块
公共监管系统	产品模块
	统计模块
	价格模块
	分类模块
	站点模块
	信息发布模块
可视化大数据管理系统	用户模块
	数据采集模块
	数据分析模块
	数据展示模块

续表

一级系统	二级模块
管理云平台 App	产品模块
	订单模块
	仓储模块
	采购模块
	客户模块
	配送模块
	财务模块
	统计模块
	客服模块
	第三方 IM 通信模块
	价格模块
	分类模块
	支付模块
	信息发布模块
技术开发管理	需求分析
	原型设计
	系统/UI 设计
	系统测试
	项目管理
	部署与运维

项目一农事管理系统

序号	产品名称	描述	品牌型号	数量
二		农事管理系统		
1	地图标记	地图标记： 基地、场景的 GIS 分布图		1
2	实时数据	实时数据： 查看场景下设备的实时采集数据信息、设备信息、设备编号、设备名称、在线状态、供电方式、供电电压、通信方式、信号强度、当前的各项采集参数数据等		1
3	历史数据	历史数据查询、导出： 1. 环境参数监测数据存储：数据库存储历史传感器数据； 2. 系统日志存储：数据库存储用户的操作相关日志； 3. 视频图片存储：文件系统存储抓拍的摄像机图片	成都慧农/ hn_agIot	1
4	数据分析	数据分析： 1. 浏览采集的环境历史数据，提供复合查询，同时异地数据对比，同地不同时段数据对比。可以形成曲线图、饼图和导出成 Excel 文件； 2. 可查询三年以上的历史数据； 3. 统计汇总：不同的场景、不同的品种、不同的环境参数等多个维度对种植相关数据进行统计； 4. 统计分析一定时间范围内各项生长参数项的数据，以图表形式或曲线图形式形成统计报表，供管理人员做出适当的作物生长管理、分析与决策		1

续表

序号	产品名称	描述	品牌型号	数量
5	视频直播、控制、图片	1. 支持主流视频设备的一键接入； 2. 摄像机设备的智能控制（放大、缩小、旋转、翻转）； 3. 实时图像抓拍与存储； 4. 实时视频的直播	成都慧农/ hn_agIot	1
6	设备控制	1. 手动控制：手动触发相应的控制操作； 2. 定时智能控制：预先设置控制设备开启、关闭的时间点，系统会在相应的时间触发现在控制操作； 3. 参数智能控制：预先设置控制设备关联的参数项及参数项的值，在对应的大于或小于此设定值时进行相应的控制操作		1
7	虫情监测、分析、预警	虫情监测、分析、预警。基地、场景切换，设备基本信息展示，指定场景下的采集数据显示		1
8	预警通知、配置	1. 支持给每种环境参数设置报警阈，超过阈值报警； 2. 报警内容包含采集设备异常的预警，环境阈值超出的预警和灾害性天气预警功能，提供通知功能； 3. 报警方式支持短信、微信和邮件		1
9	专家知识库	1. 提供丰富的种植、养殖相关的方法与技术（文字、图片与视频结合）； 2. 在线专家解惑答疑； 3. 专家留言； 4. 用户方法与技术的分享		1

续表

序号	产品名称	描述	品牌型号	数量
10	系统模块化管理	系统模块化可以灵活配置,根据需求自由搭配,可根据用户、角色配置系统模块		1
11	项目管理(基地、场景、设备)	系统模块化可以灵活配置,根据需求自由搭配,可根据用户、角色配置系统模块		1
12	权限管理(角色、用户)	可设置基地、场景和设备信息		1
13	日志管理(登录、操作、控制)	系统可保存登录、操作、控制等记录,方便问题查找		1
14	API 接口	为上层应用屏蔽了异构平台的差异,而其上的框架又定义了相应领域内应用的系统结构、标准的服务组件等,用户只需告诉框架所关心的事件,然后提供处理这些事件的代码。当事件发生时,框架会调用用户的代码。用户代码不用调用框架,用户程序也不必关心框架结构、执行流程对系统级 API 的调用等,所有这些由框架负责完成	成都慧农/hn_agIot	1
15	中间件系统	1. 数据收发、清洗、过滤、保存; 2. 向上提供不同形式的通信服务,在这些基本的通信平台之上,构筑各种框架,为应用程序提供不同领域内的服务,如事务处理监控器、分布数据访问、对象事务管理器等; 3. 可扩充性、易管理性、高可用性和可移植性		1

续表

序号	产品名称	描述	品牌型号	数量
16	农业物联网综合信息服务手机 App 软件 V1.0	1. 实时数据:通过手机查看数据,并可查看在线视频和图片; 2. 曲线数据:可按指定传感器在某一时间范围内分析其变化趋势,从而得到其走势分析; 3. GIS 分布:可查看指定区域的站点安装情况及最新监测时间,从而得出指定区域的站点数量; 4. 数据统计:可查看某个站点指定传感器在指定时间范围内的数据报表信息; 5. 智能控制:手动管理控制设备;配置定时、参数管理控制设备; 6. 参数预警:实现发送传感器异常值的报警提示; 7. 视频监控:视频直播、历史图片查询、摄像控制、录像、图片抓拍; 8. 按管理权限分为多个管理级别,上级可浏览到下级所有信息,同级不能浏览他人信息,下级不能浏览上级信息; 9. 查看本系统所用用户的操作记录,可查询指定用户在指定时间内的操作记录; 10. 专家知识库:查询平台发布专家提供的各项数据; 11. App 在线升级:提供 App 的在线升级功能	成都慧农/hn_agIot_app	1

续表

序号	产品名称	描述	品牌型号	数量
17	田间环境监测站	监测桑田区中的空气环境参数： 1. 空气温度,范围:-30~70 ℃； 2. 空气湿度,范围:0~100%； 3. 光照强度,范围:0~200 klx； 4. 风速,范围:0~30 m/s 5. 风向,范围:16 方位(360°) 6. 降雨量,范围:0.01~4 mm/min 7. 大气压,范围:50~110 kPa 8. 采用无线通信方式传输数据	成都慧农/ HN-QXZ-TX11	6
18	土壤墒情监测站	监测桑田区中的土壤环境参数： 1. 土壤温度,范围:-40~120 ℃ 2. 土壤湿度,范围:0~100% 3. 土壤酸碱度,范围:0~14 pH； 4. 采用无线通信方式传输数据 5. 三路土壤温度、土壤水分(分层安装)监测,一路土壤酸碱度监测	成都慧农/ HN-SQ-TX11	10
19	围栏	3 m×3 m 围栏,含基础	成都慧农/ 定制	6
20	通信服务	用于气象监测站和墒情监测站的物联网卡通信服务年费:包含一年流量,每月流量30 MB	移动/联通/ 电信	16

续表

序号	产品名称	描述	品牌型号	数量
21	远程拍照式虫情测报灯	1. 符合 GB/T 24689.1—2009《植物保护机械 虫情测报灯》国家标准 2. 诱集光源:主波长 365 nm 20 W 黑光灯管 3. 供电:320 W 太阳能供电,200 ah 蓄电池供电 4. 功率:≤450 W　待机≤5 W 5. 绝缘电阻:≥2.5 MΩ(有漏电保护装置) 6. 灯体尺寸:650 mm×650 mm×1 950 mm 7. 整体结构采用不锈钢镀锌喷塑 8. 远红外虫体处理仓温度控制:工作 15 min 后达到 85±5 ℃(75～125 ℃可调),处理时间可调(1～20 min 可调) 9. 远红外虫体处理致死率不小于 98%,虫体完整率不小于 95% 10. 集虫器:接虫盘直径 350 mm,具有震动缓冲装置和自动清扫功能,保证昆虫不堆积 11. 光控:晚上自动开灯,白天自动关灯(待机)。在夜间工作状态下,不受瞬间强光照射改变工作状态 12. 雨控装置:按外界雨量变化自动控制整灯工作 13. 排水装置:能有效将雨、虫分离 14. 语音播报:实时播报设备的工作状态进程(加上拍照进程) 15. 全中文液晶显示,7 寸电容触摸屏。可编程控制系统,可分多时段设置工作时间,远程自动拍照,GPRS 制式录入 16. 拍照装置:配置 800 万像素海康高清相机,自动拍摄的图片以无线发送至农业物联网监测平台,平台自动记录每个时间段采集的图片数据,保证每个时间段拍摄的虫体不混淆	成都慧农/HN-CB-IV	1

序号	产品名称	描述	品牌型号	数量
22	物联网杀虫灯	1. 符合 GB/24689.2—2009《植物保护机械频振式杀虫灯》国家标准 2. 诱集光源:频振灯管(365～680 nm),使用寿命>50 000(h) 3. 整灯功率:≤25 W 4. 太阳能电池板组件:单晶硅太阳能电池板,功率≥40 Wp(根据当地光辐照强度选配) 5. 蓄电池:DC12 V/24 Ah 免维护胶体电池 6. 光控技术:根据昼夜交替自动开关灯 7. 雨控装置:当湿度大于95% RH 时,频振灯能进入自动保护状态,当湿度不大于95% RH 时,可恢复正常工作 8. 控制面积:40～60 亩	成都慧农/ HN-PKL-DG1	12
23	孢子捕捉仪	1. 符合 GB/T 24689.3 2009《植物保护机械孢子捕捉仪(器)》国家标准 2. 材料:镀锌喷塑 3. 定时:可设置 24 个开关机时间段 4. 拍照装置:500 万像素,能够自动对所捕获病菌孢子进行高清显微拍摄,所拍摄图像清晰度能够达到人工识别病菌孢子种类的要求 5. 气体采样:采集流量 120 L/min,采集时间 1～160 min(设置范围) 6. 载玻片:每天自动更换 7. 培养装置:孢子采集完成后,经过培养液滴定后的载玻片自动进入培养仓进行 25℃ 恒温培养,培养时间可设置(后台可根据实际情况设置培养时间范围) 8. 语音播报:实时播报设备的工作状态进程 9. 尺寸:650 mm×650 mm×1 500 mm	成都慧农/ HNBZ01	1

续表

序号	产品名称	描述	品牌型号	数量
24	智能球机抓拍系统	1. 200 万像素红外网络高清球机 2. 支持最大 1920×1080@ 30 fps 高清画面输出 3. 支持超低照度, 0.05 lx/F1.6(彩色), 0.01 lx/F1.6(黑白),0 lx with IR 4. 采用高效红外阵列,低功耗,照射距离最远可达 150 m 5. 防雷、防浪涌、防突波,IP66 防护等级 6. 球机具备本机存储功能,支持 SD 卡热插拔,最大支持 256 GB 7. 100 W 太阳能板、60 Ah 12 V 锂电池、太阳能支架、20A 智能型太阳能控制器 8. 由甲方提供市政供电和有线网络	海康威视/DS-2DE7220IW 及定制太阳能系统	10
25	图像存储SD 卡	1. 容量:128 GB 存储卡 2. 速度:U3,V30,class10 3. 读取速度:100 MB/s 4. 写入速度:85 MB/s	金士顿 / SDS2	10
26	监控立杆及相关配件	1. 材质:镀锌钢管材质,整体热镀锌材质 2. 组成部分:立杆主体、法兰、支臂、地笼 3. 配件:地笼螺丝、垫片、避雷针 4. 杆子底部设有检修口,外形美观,防水实用 5. 高度 3 m,立杆钢管厚度 2 mm 以上	成都慧农/定制	10
27	通信服务	用于气象视频监测站和墒情视频监测站的4 GB 流量卡 服务年费:包含 5 年流量,每月流量为 11 GB	移动/联通/电信	10

序号	产品名称	描述	品牌型号	数量
28	温室采集器	1.采集空气温湿度、土壤温湿度、土壤氮磷钾、二氧化碳、光照、人体感应,自动语音播报 2.128×64 中文显示屏 3.供电方式:市政供电 4.网络传输:有线以太网传输	成都慧农/ HN-CJQ-DX2	25
29	空气温湿度传感器	1.温度测量范围:-40 ~ +120 ℃ 2.温度测量精度:±0.5 ℃ 3.重复性:±0.1 ℃ 4.响应时间:5 ~ 30 s(tau63%) 5.湿度测量范围:0 ~ 100% RH 6.湿度测量精度:±0.1% RH 7.重复性:±4.5% RH 8.响应时间:8 s(tau63%)	成都慧农/ YTD-SHT10	25
30	光照传感器	1.供电:DC12 V 2.光照度范围:0 ~ 20 万 lx 3.传感器内置 16bitAD 转换器 4.直接数字输出,省略复杂的计算,省略标定 5.测量精度:0 ~ 200 000 lm 宽检测范围,微光精度 0.054 lx 6.工作温度范围:-40 ~ +85 ℃ 7.片上光电二极管的光谱响应针对人眼对环境光的响应进行优化,集成红外及紫外线屏蔽。自适应增益电路可自动选择正确的流明范围优化测试	成都慧农/ HN-B-LUX	25

续表

序号	产品名称	描述	品牌型号	数量
31	二氧化碳传感器	1. 供电电压:4.5~5.5 VDC 2. 输出:0~5 V,TTL 3. 测量范围:0~5 000 ppm 4. 最大允许误差:±5% FSD 5. 重复测试:3% FDS 6. 存储与运行环境:−40~85 ℃	成都慧农/HN-S8004-0-0053	25
32	智能枪机抓拍系统	1. 200 万 1/2.7" CMOS 红外防水 ICR 日夜型筒型网络摄像机 2. 最高分辨率可达 1920×1080@ 25 fps 3. 高效阵列红外灯,使用寿命长,照射距离最远可达 30 m 4. 符合 IP67 级防尘防水设计,可靠性高 5. 由甲方提供市政供电和有线网络	海康威视	25
33	监控立杆及相关配件	1. 材质:镀锌钢管材质,整体热镀锌材质 2. 组成部分:立杆主体、法兰、支臂、地笼 3. 配件:地笼螺丝、垫片、避雷针 4. 杆子底部设有检修口,外形美观,防水实用 5. 高度 3 m,立杆钢管厚度 2 mm 以上	成都慧农/定制	25
34	温室采集器	1. 采集空气温湿度、土壤温湿度、土壤氮磷钾、二氧化碳、光照、人体感应,自动语音播报 2. 128×64 中文显示屏 3. 供电方式:市政供电 4. 网络传输:有线以太网传输	成都慧农/HN-CJQ-DX2	1

序号	产品名称	描述	品牌型号	数量
35	空气温湿度传感器	1. 温度测量范围:-40～+120 ℃; 2. 温度测量精度:±0.5 ℃ 3. 重复性:±0.1 ℃ 4. 响应时间:5～30 s(tau63%) 5. 湿度测量范围:0～100% RH 6. 湿度测量精度:±0.1% RH 7. 重复性:±4.5% RH 8. 响应时间:8 s(tau63%)	成都慧农/ YTD-SHT10	1
36	光照传感器	1. 供电:DC12 V 2. 光照度范围:0～20 万 lx 3. 传感器内置 16bitAD 转换器 4. 直接数字输出,省略复杂的计算,省略标定 5. 测量精度:0～200 000 lm 宽检测范围,微光精度 0.054 lx 6. 工作温度范围:-40～+85 ℃ 7. 片上光电二极管的光谱响应针对人眼对环境光的响应进行优化,集成红外及紫外线屏蔽。自适应增益电路可自动选择正确的流明范围优化测试	成都慧农/ HN-B-LUX	1
37	二氧化碳传感器	1. 供电电压:4.5～5.5 VDC 2. 输出: 0～5 V,TTL 3. 测量范围:0-5 000 ppm 4. 最大允许误差:±5% FSD 5. 重复测试:3% FDS 6. 存储与运行环境:-40～85 ℃	成都慧农/ HN-S8004- 0-0053	1

续表

序号	产品名称	描述	品牌型号	数量
38	硫化氢传感器	1. 防护等级:IP65 2. 测量范围:0～200 PPM 3. 分辨率:1 PPM 4. 测量误差:±3% FS(25 ℃) 5. 响应时间:< 6 min 6. 输出信号:Mod bus RS485 7. 供电电源:DC7-36 V 8. 工作温度:−10～65 ℃	成都慧农/ HN-VMS-3002- S02-N01	1
39	氨气传感器	1. 供电电压:DC7-24 V 2. 输出:RS485(MODBUS-RTU 协议) 3. 测量范围:10～1 000 PPM 4. 测量分辨率:1 PPM 5. 测量精度:±3% FS(25 ℃)	成都慧农/ HN-VMS-3002- NH3-N01	1
40	LED 显示屏	1. 工作电压:176～264 VAC/50 Hz 2. 平均功耗:≤150 W 3. 通信方式:RS485 4. 物理点间距:10 mm(P10) 5. 最佳视角:120° 6. 最佳视距:≥8 m 7. 像素:96×32 px 8. 双色 LED 屏(室内)、挂式安装、显示 6×2 汉字	成都慧农/P10	1
41	部署实施	包含安装气象站、墒情站、虫情测报灯、物联网杀虫灯、孢子捕捉仪、视频监控等相关设备,地笼配件及现浇 C25 混凝土等	成都慧农/定制	1

项目一农产品质量溯源管理系统

序号	产品名称	描述	品牌型号	数量
三	农产品质量追溯系统	￥275 050.00 元		
3.1		软件		
1	农产品质量追溯系统	用户登录、注册、审核（个人用户、企业用户、加工工厂）	成都慧农/ hn_source	1
2		溯源信息查询：提供 PC 网页、触摸屏、H5、二维码扫描的方式进行溯源结果的查询。溯源信息包含生长溯源、生长参数、实时图片、实时视频、加工溯源、检测溯源、产地信息、产品信息等		1
3		生产信息管理：生产农户管理、生产人员管理、生产基地管理、生产田地设置、农事项目管理、生产信息管理、加工准入申请、非加工产品信息管理。生产信息管理中支持绑定慧农物联网平台、慧牧物联网平台，将慧农物联网平台、慧牧物联网平台的监测数据或动物生长防疫数据一键同步到溯源信息中		1
4		加工信息管理：工厂信息管理、加工人员管理、加工环节管理、采购信息管理、入库记录信息、出库记录信息、加工车间管理、产品加工管理、加工产品信息管理		1
5		第三方检测机构管理（机构信息管理、机构工作人员、生产农户审核、生产信息审核、加工准入审核、加工工厂审核、加工信息审核）		1
6		产品二维码管理：根据溯源码生成相应的查询二维码图片、支持二维码图片下载、溯源地址复制		1

续表

序号	产品名称	描述	品牌型号	数量
7	农产品质量追溯系统	系统模块化配置（灵活配置管理各功能模块）	成都慧农/hn_source	1
8		权限管理（配置用户角色、个人用户系统访问权限）		1
9		日志管理（登录、操作）		1
10	溯源系统 H5 端	展示农产品农事信息、生长信息、实时图片、实时视频、第三方检测机构认定信息、产地信息、产品介绍等模块组成	hn_source_wechat	1
11	农药残留速测仪	1. 多通道光路系统。采用新型仪器结构设计，无机械移动部件，抗干扰、抗振动，检测精度高，仪器寿命长； 2. 大屏幕彩色液晶中文显示，人性化操作界面，读数准确、直观； 3. 采用 USB 接口设计，方便数据的存贮和移动； 4. 智能化程度高：仪器可以自动诊断系统故障； 5. 自动保存检测结果，数据存储量大，内置微型打印机，可实时打印检测结果； 6. 主机内置用户管理系统，可按检测日期筛选数据查看，可对数据单独删除、全部删除； 7. 内置有流通领域产品编码库以及农药残留对应的国家限量标准	HN-SJ24NC	1
12	二维码溯源打印机	1. 打印方式：热敏； 2. 分辨率：203DPI； 3. 打印速度：127 mm/s； 4. 打印宽度：20 ~ 76 mm； 5. 通信接口：USB	GP-3120TL	4

续表

序号	产品名称	描述	品牌型号	数量
13	溯源打印纸	1. 热敏纸 60 cm×40 cm； 2. 材质特性：防油、防水、防刮； 3. 数量：20 万张	定制	6
14	追溯一体机	1. 主板：安卓主板； 2. 芯片：瑞芯微 RK3399； 3. 内存：DDR3 1333 4 GB； 4. 硬盘：内置储存 16 G； 5. 红外扫描：50.0（W）×74.0（D）×26.0（H）； 6. 红外触摸屏； 7. 49 液晶显示屏； 8. 分辨率：4096×4096； 9. 偏差率：±<1.0%； 10. 透射比：92%～98%； 11. 触摸精度［mm］<1.5 mm（中心区域）； 12. 分辨支持：1920×1080； 13. 使用寿命：≥50 000 h； 14. 色彩：32 位真彩色； 15. 对比度≥800∶1； 16. 点距：0.297 mm	XKR-GB-49BD	1

附件　国务院办公厅《要素市场化配置综合改革试点总体方案》

为深入贯彻落实《中共中央 国务院关于构建更加完善的要素市场化配置体制机制的意见》，现就积极稳妥开展要素市场化配置综合改革试点工作制定本方案。

一、总体要求

（一）指导思想。

以习近平新时代中国特色社会主义思想为指导，全面贯彻落实党的十九大和十九届历次全会精神，弘扬伟大建党精神，坚持稳中求进工作总基调，完整、准确、全面贯彻新发展理念，加快构建新发展格局，充分发挥市场在资源配置中的决定性作用，更好发挥政府作用，着力破除阻碍要素自主有序流动的体制机制障碍，全面提高要素协同配置效率，以综合改革试点为牵引，更好统筹发展和安全，为完善要素市场制度、建设高标准市场体系积极探索新路径，为推动经济社会高质量发展提供强劲动力。

（二）基本原则。

——顶层设计、基层探索。按照党中央、国务院统一部署，在维护全国统一大市场前提下，支持具备条件的地区结合实际大胆改革探索，尊重基层首创精神，注重总结经验，及时规范提升，为全国提供可复制可推广的路径模式。

——系统集成、协同高效。突出改革的系统性、整体性、协同性，推动各领域要素市场化配置改革举措相互配合、相互促进，提高不同要素资源的组合配置效率。

——问题导向、因地制宜。牢牢把握正确的改革方向,聚焦要素市场建设的重点领域、关键环节和市场主体反映最强烈的问题,鼓励地方结合自身特点开展差别化试点探索。

——稳中求进、守住底线。从实际出发,坚持以安全可控为前提,尊重客观规律,科学把握工作时序、节奏和步骤,做到放活与管好有机结合,切实防范风险,稳步有序推进试点。

(三)试点布局。

围绕推动国家重大战略实施,根据不同改革任务优先考虑选择改革需求迫切、工作基础较好、发展潜力较大的城市群、都市圈或中心城市等,开展要素市场化配置综合改革试点,严控试点数量和试点范围。党中央、国务院授权实施以及有关方面组织实施的涉及要素市场化配置的改革探索任务,原则上优先在试点地区开展。试点期限为 2021—2025 年。

(四)工作目标。

2021 年,启动要素市场化配置综合改革试点工作。2022 年上半年,完成试点地区布局、实施方案编制报批工作。到 2023 年,试点工作取得阶段性成效,力争在土地、劳动力、资本、技术等要素市场化配置关键环节上实现重要突破,在数据要素市场化配置基础制度建设探索上取得积极进展。到 2025 年,基本完成试点任务,要素市场化配置改革取得标志性成果,为完善全国要素市场制度作出重要示范。

(五)支持探索土地管理制度改革。

合理划分土地管理事权,在严格保护耕地、节约集约用地的前提下,探索赋予试点地区更大土地配置自主权。允许符合条件的地区探索城乡建设用地增减挂钩结余指标跨省域调剂使用机制。探索建立补充耕地质量评价转换机制,在严格实行耕地占补平衡、确保占一补一的前提下,严格管控补充耕地国家统筹规模,严把补充耕地质量验收关,实现占优补优。支持开展全域土地综合整治,优化生产、生活、生态空间布局,加强耕地数量、质量、生态"三位一体"保护和建设。

(六)鼓励优化产业用地供应方式。

鼓励采用长期租赁、先租后让、弹性年期供应等方式供应产业用地。优化工业用地出让年期,完善弹性出让年期制度。支持产业用地实行"标准地"出让,提高配置效率。支持不同产业用地类型合理转换,完善土地用途变更、整合、置换等政策。探索增加混合产业用地供给。支持建立工业企业产出效益评价机制,加强土地精细化管理和节约集约利用。

(七)推动以市场化方式盘活存量用地。

鼓励试点地区探索通过建设用地节约集约利用状况详细评价等方式,细化完善城镇低效用的认定标准,鼓励通过依法协商收回、协议置换、费用奖惩等措施,推动城镇低效用地腾退出清。推进国有企事业单位存量用地盘活利用,鼓励市场主体通过建设用地整理等方式促进城镇低效用的再开发。规范和完善土地二级市场,完善建设用地使用权转让、出租、抵押制度,支持通过土地预告登记实现建设用地使用权转让。探索地上地下空间综合利用的创新举措。

(八)建立健全城乡统一的建设用地市场。

在坚决守住土地公有制性质不改变、耕地红线不突破、农民利益不受损三条底线的前提下,支持试点地区结合新一轮农村宅基地制度改革试点,探索宅基地所有权、资格权、使用权分置实现形式。在依法自愿有偿的前提下,允许将存量集体建设用地依据规划改变用途入市交易。在企业上市合规性审核标准中,对集体经营性建设用地与国有建设用地给予同权对待。支持建立健全农村产权流转市场体系。

(九)推进合理有序用海。

探索建立沿海、海域、流域协同一体的海洋生态环境综合治理体系。统筹陆海资源管理,支持完善海域和无居民海岛有偿使用制度,加强海岸线动态监测。在严格落实国土空间用途管制和海洋生态环境保护要求、严管严控围填海活动的前提下,探索推进海域一级市场开发和二级市场流转,探索海域使用权立体分层设权。

二、推动劳动力要素合理畅通有序流动

(十)进一步深化户籍制度改革。

支持具备条件的试点地区在城市群或都市圈内开展户籍准入年限同城化累计互认、居住证互通互认,实行以经常居住地登记户口制度,实现基本公共服务常住地提供。支持建立以身份证为标识的人口管理服务制度,扩大身份证信息容量,丰富应用场景。建设人口发展监测分析系统,为重大政策制定、公共资源配置、城市运行管理等提供支撑。建立健全与地区常住人口规模相适应的财政转移支付、住房供应、教师医生编制等保障机制。

(十一)加快畅通劳动力和人才社会性流动渠道。

指导用人单位坚持需求导向,采取符合实际的引才措施,在不以人才称号和学术头衔等人才"帽子"引才、不抢挖中西部和东北地区合同期内高层次人才的前提下,促进党政机关、国有企事业单位、社会团体管理人才合理有序流动。完善事业单位编制管理制度,统筹使用编制资源。支持事业单位通过特设岗位引进急需高层次专业化人才。支持探索灵活就业人员权益保障政策。探索建立职业资格证书、职业技能等级证书与学历证书有效衔接机制。加快发展人力资源服务业,把服务就业的规模和质量等作为衡量行业发展成效的首要标准。

(十二)激发人才创新创业活力。

支持事业单位科研人员按照国家有关规定离岗创新创业。推进职称评审权下放,赋予具备条件的企事业单位和社会组织中高级职称评审权限。加强创新型、技能型人才培养,壮大高水平工程师和高技能人才队伍。加强技术转移专业人才队伍建设,探索建立健全对科技成果转化人才、知识产权管理运营人员等的评价与激励办法,完善技术转移转化类职称评价标准。

三、推动资本要素服务实体经济发展

(十三)增加有效金融服务供给。

依托全国信用信息共享平台,加大公共信用信息共享整合力度。充分发挥征信平台和征信机构作用,建立公共信用信息同金融信息共享整合机制。推广"信易贷"模式,用好供应链票据平台、动产融资统一登记公示系统、应收账款融资服务平台,鼓励金融机构开发与中小微企业需求相匹配的信用产品。探索建立中小企业坏账快速核销制度。探索银行机构与外部股权投资机构深化合作,开发多样化的科技金融产品。支持在零售交易、生活缴费、政务服务等场景试点使用数字人民币。支持完善中小银行和农村信用社治理结构,增强金融普惠性。

(十四)发展多层次股权市场。

创新新三板市场股债结合型产品,丰富中小企业投融资工具。选择运行安全规范、风险管理能力较强的区域性股权市场,开展制度和业务创新试点。探索加强区域性股权市场和全国性证券市场板块间合作衔接的机制。

(十五)完善地方金融监管和风险管理体制。

支持具备条件的试点地区创新金融监管方式和工具,对各类地方金融组织实施标准化的准入设立审批、事中事后监管。按照属地原则压实省级人民政府的监管职责和风险处置责任。

四、大力促进技术要素向现实生产力转化

(十六)健全职务科技成果产权制度。

支持开展赋予科研人员职务科技成果所有权或长期使用权试点,探索将试点经验推广到更多高校、科研院所和科技型企业。支持相关高校和科研院所探索创新职务科技成果转化管理方式。支持将职务科技成果通过许可方式授权中小微企业使用。完善技术要素交易与监管体系,推进科技成果进场交易。完善职务科技成果转移转化容错纠错机制。

（十七）完善科技创新资源配置方式。

探索对重大战略项目、重点产业链和创新链实施创新资源协同配置，构建项目、平台、人才、资金等全要素一体化配置的创新服务体系。强化企业创新主体地位，改革科技项目征集、立项、管理和评价机制，支持行业领军企业牵头组建创新联合体，探索实施首席专家负责制。支持行业领军企业通过产品定制化研发等方式，为关键核心技术提供早期应用场景和适用环境。

（十八）推进技术和资本要素融合发展。

支持金融机构设立专业化科技金融分支机构，加大对科研成果转化和创新创业人才的金融支持力度。完善创业投资监管体制和发展政策。支持优质科技型企业上市或挂牌融资。完善知识产权融资机制，扩大知识产权质押融资规模。鼓励保险公司积极开展科技保险业务，依法合规开发知识产权保险、产品研发责任保险等产品。

五、探索建立数据要素流通规则

（十九）完善公共数据开放共享机制。

建立健全高效的公共数据共享协调机制，支持打造公共数据基础支撑平台，推进公共数据归集整合、有序流通和共享。探索完善公共数据共享、开放、运营服务、安全保障的管理体制。优先推进企业登记监管、卫生健康、交通运输、气象等高价值数据集向社会开放。探索开展政府数据授权运营。

（二十）建立健全数据流通交易规则。

探索"原始数据不出域、数据可用不可见"的交易范式，在保护个人隐私和确保数据安全的前提下，分级分类、分步有序推动部分领域数据流通应用。探索建立数据用途和用量控制制度，实现数据使用"可控可计量"。规范培育数据交易市场主体，发展数据资产评估、登记结算、交易撮合、争议仲裁等市场运营体系，稳妥探索开展数据资产化服务。

（二十一）拓展规范化数据开发利用场景。

发挥领军企业和行业组织作用，推动人工智能、区块链、车联网、物联网等领域数据采集标准化。深入推进人工智能社会实验,开展区块链创新应用试点。在金融、卫生健康、电力、物流等重点领域,探索以数据为核心的产品和服务创新,支持打造统一的技术标准和开放的创新生态,促进商业数据流通、跨区域数据互联、政企数据融合应用。

(二十二)加强数据安全保护。

强化网络安全等级保护要求,推动完善数据分级分类安全保护制度,运用技术手段构建数据安全风险防控体系。探索完善个人信息授权使用制度。探索建立数据安全使用承诺制度,探索制定大数据分析和交易禁止清单,强化事中事后监管。探索数据跨境流动管控方式,完善重要数据出境安全管理制度。

六、加强资源环境市场制度建设

(二十三)支持完善资源市场化交易机制。

支持试点地区完善电力市场化交易机制,提高电力中长期交易签约履约质量,开展电力现货交易试点,完善电力辅助服务市场。按照股权多元化原则,加快电力交易机构股份制改造,推动电力交易机构独立规范运行,实现电力交易组织与调度规范化。深化天然气市场化改革,逐步构建储气辅助服务市场机制。完善矿业权竞争出让制度,建立健全严格的勘查区块退出机制,探索储量交易。

(二十四)支持构建绿色要素交易机制。

在明确生态保护红线、环境质量底线、资源利用上线等基础上,支持试点地区进一步健全碳排放权、排污权、用能权、用水权等交易机制,探索促进绿色要素交易与能源环境目标指标更好衔接。探索建立碳排放配额、用能权指标有偿取得机制,丰富交易品种和交易方式。探索开展资源环境权益融资。探索建立绿色核算体系、生态产品价值实现机制以及政府、企业和个人绿色责任账户。

七、健全要素市场治理

(二十五)完善要素市场化交易平台。

持续推进公共资源交易平台整合共享,拓展公共资源交易平台功能,逐步覆盖适合以市场化方式配置的自然资源、资产股权等公共资源。规范发展大数据交易平台。支持企业参与要素交易平台建设,规范要素交易平台运行。支持要素交易平台与金融机构、中介机构合作,形成涵盖产权界定、价格评估、流转交易、担保、保险等业务的综合服务体系。

(二十六)加强要素交易市场监管。

创新要素交易规则和服务,探索加强要素价格管理和监督的有效方式。健全要素交易信息披露制度。深化"放管服"改革,加强要素市场信用体系建设,打造市场化法治化国际化营商环境。强化反垄断和反不正当竞争执法,规范交易行为,将交易主体违法违规行为纳入信用记录管理,对严重失信行为实行追责和惩戒。开展要素市场交易大数据分析,建立健全要素交易风险分析、预警防范和分类处置机制。推进破产制度改革,建立健全自然人破产制度。

八、进一步发挥要素协同配置效应

(二十七)提高全球先进要素集聚能力。

支持探索制定外国高端人才认定标准,为境外人才执业出入境、停居留等提供便利。支持符合条件的境内外投资者在试点地区依法依规设立证券、期货、基金、保险等金融机构。探索国际科技创新合作新模式,支持具备条件的试点地区围绕全球性议题在世界范围内吸引具有顶尖创新能力的科学家团队"揭榜挂帅"。支持行业领军企业牵头组建国际性产业与标准组织,积极参与国际规则制定。

(二十八)完善按要素分配机制。

提高劳动报酬在初次分配中的比重,强化工资收入分配的技能价值激励导向。构建充分体现知识、技术、管理等创新要素价值的收益分配机制。创新宅基地收益取得和使用方式,探索让农民长期分享土地增值收益的有效途径。合理分配集体经营性建设用地入市增值收益,兼顾国家、农村集体经济组织和农村居民权益。探索增加居民财产性收入,鼓励和引导上市公司现金分红,完善投资者权益保护制度。

九、强化组织实施

（二十九）加强党的全面领导。

坚持和加强党对要素市场化配置综合改革试点的领导，增强"四个意识"、坚定"四个自信"、做到"两个维护"，充分发挥党总揽全局、协调各方的领导核心作用，把党的领导始终贯穿试点工作推进全过程。

（三十）落实地方主体责任。

各试点地区要把要素市场化配置综合改革试点摆在全局重要位置，增强使命感和责任感，强化组织领导，完善推进落实机制，在风险总体可控前提下，科学把握时序、节奏和步骤，积极稳妥推进改革试点任务实施。试点过程中要加强动态跟踪分析，开展试点效果评估，重要政策和重大改革举措按程序报批。

（三十一）建立组织协调机制。

建立由国家发展改革委牵头、有关部门作为成员单位的推进要素市场化配置综合改革试点部际协调机制，负责统筹推进试点工作，确定试点地区，协调解决重大问题，加强督促检查。国家发展改革委要会同有关方面指导试点地区编制实施方案及授权事项清单，按程序报批后组织实施；在地方自评估基础上，定期开展第三方评估。对取得明显成效的试点地区，要予以表扬激励，及时总结推广经验；对动力不足、执行不力、成效不明显的试点地区，要限期整改，整改不到位的按程序调整退出试点。重要情况及时向党中央、国务院报告。

（三十二）强化试点法治保障。

建立健全与要素市场化配置综合改革试点相配套的法律法规与政策调整机制，统筹涉及的法律法规事项，做好与相关法律法规立改废释的衔接。试点地区拟实行的各项改革举措和授权事项，凡涉及调整现行法律或行政法规的，经全国人大及其常委会或国务院依法授权后实施；其他涉及调整部门规章和规范性文件规定的，有关方面要按照本方案要求和经批准的授权事项清单，依法依规一次性对相关试点地区给予改革授权。